本专著为2022年度安徽省科研编制计划项目科学研究
安徽省域非物质文化遗产虚拟可视化保护研究（项目编号2022
皖北文化传播安徽省哲学社会科学重点研究室（培育
阜阳师范大学阜阳市文化旅游与数字创意产业链科研团队

非物质文化遗产虚拟可视化
保护研究

Research
on the Virtual Visualization of Intangible
Cultural Heritage

罗运毛 著

江苏凤凰美术出版社

图书在版编目（CIP）数据

非物质文化遗产虚拟可视化保护研究 / 罗运毛著. -- 南京：江苏凤凰美术出版社，2024.1
ISBN 978-7-5741-1296-4

Ⅰ.①非… Ⅱ.①罗… Ⅲ.①非物质文化遗产－化－研究－中国 Ⅳ.①G122-39数字

中国国家版本馆CIP数据核字（2023）第175023号

责 任 编 辑　唐　凡
书 籍 设 计　咪果文化
责 任 监 印　于　磊
责 任 校 对　韩　冰
责任设计编辑　孙剑博

书　　　名	非物质文化遗产虚拟可视化保护研究
著　　　者	罗运毛
出 版 发 行	江苏凤凰美术出版社（南京市湖南路1号　邮编：210009）
印　　　刷	盐城志坤印刷有限公司
开　　　本	787 mm×1092mm　1/16
印　　　张	12
字　　　数	230千字
版　　　次	2024年1月第1版　2024年1月第1次印刷
标 准 书 号	ISBN 978-7-5741-1296-4
定　　　价	88.00元

营销部电话　025-68155675　营销部地址　南京市湖南路1号
江苏凤凰美术出版社图书凡印装错误可向承印厂调换

序言 *Preface*

非物质文化遗产是人类的宝贵财富，是人类精神文化的重要组成部分，具有深厚的历史文化内涵和民族文化特色，是人类文化多样性的重要体现。然而，随着现代化进程的加速和社会转型的深入，非物质文化遗产面临着严重的失传和消亡的危机。

为了更好地保护和传承非物质文化遗产，越来越多的研究者开始探索和尝试运用现代科技手段进行保护和传承。虚拟可视化技术是一种被广泛运用于非物质文化遗产保护的新兴技术，具有可视化、沉浸式和互动性强等诸多优势，在非物质文化遗产的保护和传承方面具有重要的应用前景。

本专著主要介绍了非物质文化遗产虚拟可视化保护的相关理论和应用实践，分析了虚拟可视化技术在非物质文化遗产保护中的应用现状和发展趋势，同时也探索了虚拟可视化技术在非物质文化遗产传承中的创新方法和策略。

本专著是针对非物质文化遗产保护和传承领域的一次较为全面的梳理和研究，旨在为相关领域研究者提供理论指导和应用参考，同时也为推动非物质文化遗产保护和传承提供重要的思路和方法。本专著涉及领域广泛，内容丰富，既包括理论研究，也包括实践案例，适合非物质文化遗产保护和传承领域的研究者、实践者以及相关机构和单位的决策者参考。

目录 Contents

第一章 引言 001
 第一节　研究的背景、目的及意义 001
 第二节　研究内容概述 003
 第三节　非物质文化遗产的概述 004
 第四节　虚拟可视化的概述 007
 第五节　非物质文化遗产保护的重要性及可行性 011
 第六节　虚拟可视化应用于非物质文化遗产保护的可行性 013

第二章 非物质文化遗产保护历程 021
 第一节　非物质文化遗产国内外保护现状 022
 第二节　非物质文化遗产分类 034
 第三节　非物质文化遗产保护的意义 037
 第四节　非物质文化遗产发展的困境 038
 第五节　非物质文化遗产保护应对策略 043

第三章 虚拟可视化 045
 第一节　虚拟可视化发展历程及应用领域 046
 第二节　虚拟可视化的特征及实现基础三维动画技术 049

  第三节 沉浸式虚拟可视化交互发展历程 059

  第四节 沉浸式虚拟可视化交互的实现流程 061

  第五节 沉浸式虚拟可视化交互方式及分类 062

  第六节 虚拟可视化在非物质文化遗产保护中的重要性 063

第四章 虚拟可视化在非物质文化遗产保护中的应用与优势 068

  第一节 虚拟可视化在非物质文化遗产保护领域应用现状 068

  第二节 虚拟可视化应用于非物质文化遗产具体实施方法 074

  第三节 虚拟可视化技术应用于非物质文化遗产保护的方式及路径 078

  第四节 虚拟可视化应用于非物质文化遗产保护的优势 083

  第五节 非物质文化遗产虚拟可视化互动设计 088

  第六节 基于虚拟可视化的非遗保护方案设计 095

第五章 非物质文化遗产虚拟可视化保护案例研究 107

  第一节 京剧保护项目 107

  第二节 传统手工艺虚拟可视化保护：以界首彩陶为例 113

  第三节 重庆合川钓鱼城范家堰南宋衙署遗址虚拟可视化保护 122

  第四节 非遗虚拟展馆设计：以安徽省第一批国家级非遗为例 135

第六章　非物质文化遗产虚拟可视化的应用价值 147

第一节　商业价值 147
第二节　文化价值 151
第三节　艺术价值 154
第四节　传承实践价值 155

第七章　非物质文化遗产虚拟可视化保护的意义 158

第一节　虚拟可视化有利于非物质文化遗产的复制性传播 158
第二节　虚拟可视化技术创建出虚拟空间的传播形式 160
第三节　非物质文化遗产虚拟可视化对当地经济和文化发展的影响 165
第四节　非物质文化遗产虚拟可视化保护的社会意义 169

第八章　虚拟可视化技术应用非物质文化遗产保护发展前景 170

第一节　促进文化保护与科技的融合 171
第二节　促进数字化保护标准的建设 175
第三节　虚拟可视化促进非物质文化遗产创新发展 180

参考文献 183

第一章 引言

非物质文化遗产是器，是戏，是曲，是技，是味，是艺。非物质文化遗产是中华文明织机下的千丝万缕，是如影随形的民族记忆，是非遗人沉醉于时光的打磨，是千锤百炼之后的岁月如歌，知其所来，方能知其所往，世间万事莫不如此。了解非遗了解我们的过去方能在前进的道路上行稳致远，从容不迫。非物质文化遗产以其丰富、自然、拙朴、浪漫等特性成为中华大地千年IP传承的印记。非物质文化遗产涵盖民间文学、传统音乐、传统戏剧、曲艺、传统美术、传统技艺、传统医药、民俗和传统体育、游艺与杂技等十大非遗类别。一朝非遗人，一生非遗魂。一敲一打、一琢一磨，尽善尽美、大巧若拙，匠人的双手与作品缠绕交错，用指尖展现非物质文化。千年光阴弹指而过，传统技艺是历史的积淀，也是情怀的寄托。如传统美术构建着中国式书写，唯有匠心蕴于时间方可练就。他们将迸发的灵感定格于纸面，将平常的生活幻化出缤纷的色彩，这是传统文化的符号，更是中国书画的神韵；再如传统音乐用声音叫醒你的耳朵，从田间地头到寻常巷陌。或婉转或悠扬或沉郁或高亢，融汇着泥土的芬芳。行云流水、余音绕梁。让传承"活"起来，将非遗"用"起来，让更多的人走进非遗馆、传承体验中心，让沉浸体验与文化浸润完美融合。每一次非物质文化遗产精彩亮相，既是人们对技艺之美、匠心之美的再认识，也是感悟中华文脉增强文化自信的身心洗礼。世界上所有的坚持都是因为热爱，非物质文化遗产在传承里创新，在沉淀中升华。

第一节 研究的背景、目的及意义

一、研究的背景

本专著是以非物质文化遗产可视化保护为研究对象的专著，旨在探讨非遗可视化保护的现状、难点及未来发展趋势，提出可视化保护的解决方案，以促进非遗的传承和发展。

非物质文化遗产作为我国文化宝库的重要组成部分，其丰富多彩的文化内涵和传统工艺技术在国内外广受关注。随着现代化的发展，人们的生活越来越依赖于科技和工业化。然而，这种现代化进程也对传统文化和非物质文化遗产带来了威胁。受到社会经济发展、物质消费文化的影响，许多非遗传承人已经老去，传统手工艺技术与知识正在逐渐消失或丧失其原来的意义和价值。同时，传统文化的形式也随着时代的变化不断转型，如何将传统文化与现代技术相结合，促进非遗保护，成为当代研究的重要课题。

虚拟可视化技术是指利用计算机软件和硬件系统，以及图形学、视觉计算、虚拟现实和其他技术，创建一个虚拟的可视化环境，用以模拟和操纵实际环境。虚拟可视化技术可以模拟非物质文化遗产的形式、空间、色彩、结构等，从而实现非物质文化遗产的可视化保护。此外，虚拟可视化技术还可以模拟非物质文化遗产的实际使用情况，从而实现对非物质文化遗产的实时监控和保护[1]。

可视化保护是非遗保护的一种新型方式，通过数字化手段将非遗的文化内涵进行完整呈现，包括实物模拟、虚拟现实、交互式展示等多种形式。这种方式解决了传统非遗文化难以传承和发展的问题，使其更加容易被年轻人和社会大众接受和传承。同时，可视化保护也将非遗文化转变成为数字文化，使其更好地适应数字时代的发展。因此，对于可视化保护的研究与实践显得至关重要。

本专著将着重探讨非遗可视化保护的现状、难点、应用领域以及未来发展趋势。同时，本专著还将关注可视化保护技术的创新和优化，提出针对性的解决方案以及推广策略，旨在通过非遗可视化保护的研究和实践，促进传统文化的传承和发展，实现文化保护与数字化时代的发展的和谐统一。

二、研究目的及意义

非遗是世界文化遗产中的重要组成部分，是人类生活方式和思想文化的重要载体。为了保护和传承非遗，许多国家和地区已经开始采取行动，但是随着时代和社会发展的变化，非遗保护面临着新的挑战。

本专著的研究目的在于探索非遗可视化保护的可行性，通过运用现代的数字技术和信息技术手段，实现非遗的数字化保存、传播和呈现。本专著采用可视化的研究方法，将非遗素材转化为生动的视觉形式，以帮助读者更好地了解非遗的文化价值和历史意义。同时，本专著也将探讨数字技术对非遗保护的影响和作用，为非遗保护提供新的思路和方向。

本专著的意义在于为非遗保护提供新的途径和方法，通过可视化手段可以更好地传达非遗的文化内涵和价值，激发社会对非遗的兴趣和关注，促进非遗传承和保护工作的开展。本专著也将为数字技术和信息技术在非遗领域的应用提供实践经验和借鉴。希望通过本专著的出版，为加强非遗保护工作作出贡献，让非遗文化得以延续和全球传承。

第二节　研究内容概述

非遗是人类文化的重要组成部分，它承载着民族文化、历史、传统技艺等价值，是文化多样性的重要载体。然而，随着现代化进程的加速，非遗面临着严峻的生存与传承挑战，亟须寻找有效的保护与传承方式。可视化技术作为当下最具前沿的技术手段之一，在非遗保护与传承方面具有独特的优势。

本专著旨在探究利用可视化技术进行非遗保护与传承的途径与方法，结合实例详细阐述可视化技术在非遗保护与传承中的应用实践经验。首先，本专著将对非遗保护与传承进行综述，分析非遗保护与传承面临的挑战，提出可视化技术在非遗保护与传承中的应用价值与意义。其次，本专著将介绍可视化技术的理论基础和技术方法，包括图像处理、虚拟现实、三维建模等方面，并详细阐述这些技术如何应用于非遗保护与传承中。最后，本专著将以实际案例为基础，介绍可视化技术在非遗保护与传承中的应用实践，在展示非遗文化的同时，提高了对非遗的认知度和保护意识，进一步推动非遗文化的传承与创新。

本专著旨在为非遗保护与传承提供全新的思路与方法，并可为相关领域的学者、研究人员和实践者提供深入的研究与参考。在不断探索创新、发扬传统的道路上，希望"可视化技术与非遗保护传承研究"能为推动我国非遗事业发展与传统文化振兴做出贡献。

虚拟可视化技术在非物质文化遗产保护研究中的应用还处于起步阶段，存在许多可以改进的地方。首先，虚拟可视化技术的发展还不够成熟，缺乏一个统一的标准和规范，无法满足非物质文化遗产保护的需求。其次，虚拟可视化技术的使用仍然受到技术、设备和人力资源的限制，无法很好地满足非物质文化遗产保护的需要。最后，虚拟可视化技术在非物质文化遗产保护研究中的应用仍需要进一步完善，以更好地满足非物质文化遗产保护的需要。

本专著将从理论和实践两个方面，探讨非物质文化遗产的虚拟可视化保护研究。首先，介绍虚拟可视化技术在非物质文化遗产保护研究中的应用情况，并对虚拟可视化技术在非物质文化遗产保护研究中的发展进行分析。其次，深入探讨虚拟可视化技术在非物质文化遗产保护研究中的应用，及其在实践中存在的问题及解决方案。

最后，总结虚拟可视化技术在非物质文化遗产保护研究中的应用，并对未来的发展趋势进行展望。

综上所述，本专著将探讨非物质文化遗产的虚拟可视化保护研究，以期为非物质文化遗产的保护提供新的思路和方法。

第三节 非物质文化遗产的概述

非物质文化遗产是保护世界文化多样性、保护历史文化遗产的重要组成部分，它们象征着一个民族的历史、文化和精神，是传承和发展文化的重要载体。如今，随着社会的发展和人们生活水平的提高，许多非物质文化遗产正处于濒危状态，甚至正在消失。因此，为了保护非物质文化遗产，各国政府和社会各界都应采取有效措施，加强对非物质文化遗产的保护，并努力促进其传承和发展。

各国政府应制定有关法律法规，明确非物质文化遗产的保护范围，规范其保护行为。各国政府应加强对非物质文化遗产的研究，制定有关保护措施，并加强对非物质文化遗产的管理。此外，社会各界也应加大对非物质文化遗产的宣传力度，让更多的人了解和关注非物质文化遗产的保护问题，并积极参与到非物质文化遗产的保护工作中来。

一、非物质文化遗产的定义

非物质文化遗产（Intangible Cultural Heritage，简称ICH）是指按照文化传统和习俗传承的非物质性质的文化遗产，它包括手工艺品、表演艺术、宗教信仰、风俗习惯、民间传说等。非物质文化遗产是世界文化多样性的重要组成部分，它们象征着一个民族的历史、文化和精神，是传承和发展文化的重要载体。

非物质文化遗产是指按照文化传统和习俗传承的非物质性质的文化遗产，主要包括手工艺品、表演艺术、宗教信仰、风俗习惯、民间传说等。手工艺品是指由人类创造的、反映民族文化特色的物品，如编织、刺绣、雕刻、绘画等；表演艺术是指由艺术家以舞蹈、歌剧、戏剧、曲艺等形式表现的艺术；宗教信仰是指人们对宗教的信仰；风俗习惯是指社会中的一些传统的行为习惯；民间传说是指民间流传的故事、神话等。

二、非物质文化遗产的分类

根据联合国教科文组织的《保护非物质文化遗产公约》(以下简称《公约》)定义，

"非物质文化遗产"是指被各社区群体,有时为个人视为其文化遗产组成部分的各种社会实践、观念表达、表现形式、知识、技能及相关的工具、实物、手工艺品和文化场所。这种非物质文化遗产世代相传,在各社区和群体适应周围环境以及与自然和历史的互动中,被不断地再创造,为这些社区和群众提供持续的认同感,从而增强对文化多样性和人类创造力的尊重[2]。

《公约》所定义的"非物质文化遗产"包括以下方面:

口头传统和表现形式,包括作为非物质文化遗产媒介的语言。

口头传统：民间传说、神话故事、民歌、童谣、谚语、俗语、成语、议论文、讽刺文、寓言故事等。

表现形式：舞蹈、戏剧、音乐、绘画、雕塑、陶瓷、木雕、剪纸、织锦、刺绣、烹饪、技艺等。

语言：汉语、藏语、维吾尔语、哈萨克语、满语、蒙古语、壮语、回族语、苗语、彝语、布依语、侗语、瑶语、傣语、拉祜语、纳西语、傈僳语、佤语、锡伯语、塔吉克语、柯尔克孜语、保安语、布朗语等。

表演艺术：

中国传统戏曲：京剧、豫剧、越剧、黄梅戏、昆曲、评剧、花鼓戏等。

中国传统舞蹈：昆曲舞、豫剧舞、越剧舞、京剧舞、绣花舞、花鼓舞、花灯舞等。

中国传统民间技艺：剪纸、刺绣、结网、编织、制作糖果、制作灯笼、制作木偶、制作竹等。

中国传统音乐：京剧音乐、豫剧音乐、越剧音乐、昆曲音乐、民歌、古典音乐等。

社会实践、仪式、节庆活动：

龙舟竞渡：古老的水上竞赛，在中国古代就有记载，古老的传统文化，流传至今。

清明上河图：清明上河是一种传统民俗，每年清明节，人们会把家里的祭品拿出来，摆在河边，把它们放在河里，以祭奠祖先。

孔子诞辰：孔子诞辰是中国古代传统文化的一部分，每年的六月初六，人们都会举行庆祝活动，以示对孔子的尊敬。

灯谜猜谜：灯谜猜谜是中国古老的传统文化，每逢春节，人们都会举行灯谜猜谜活动，以提高家庭成员之间的感情。

龙舟灯会：龙舟灯会是中国古老的传统文化，每逢端午节，人们都会举行龙舟灯会，以祭奠传统文化，传承民族文化。

有关自然界和宇宙的知识和实践：

中国传统民间天文学：传统民间天文学是中国古代民间传承的一种知识，它涉及宇宙的形成、星象的观测、月相的记录、星座的推算等。

中国传统民间地理学：传统民间地理学是中国古代民间传承的一种知识，它涉及地理的形成、地形的观测、地貌的记录、气候的推算等。

中国传统民间生物学：传统民间生物学是中国古代民间传承的一种知识，它涉及生物的形成、动物的观测、植物的记录、昆虫的推算等。

中国传统民间气象学：传统民间气象学是中国古代民间传承的一种知识，它涉及气象的形成、风的观测、雨的记录、云的推算等。

传统手工艺：

根据《中华人民共和国非物质文化遗产法》规定，非物质文化遗产是指各族人民世代相传并视为其文化遗产组成部分的各种传统文化表现形式，以及与传统文化表现形式相关的实物和场所。包括：

传统口头文学以及作为其载体的语言：如中国古典诗词、民间故事、神话传说、寓言故事等。

传统美术、书法、音乐、舞蹈、戏剧、曲艺和杂技：例如，国画、油画、版画、水墨画、素描、工笔画、篆刻、雕塑等；楷书、行书、草书、篆书、隶书等；古典音乐、民族音乐、流行音乐、轻音乐、爵士乐等；古典舞、民族舞、现代舞、芭蕾舞等；话剧、歌剧、音乐剧、哑剧、京剧等；相声、评书、快板、二人转、梆子等；马戏、杂耍、高空表演、柔绳表演、抛空等。

传统技艺、医药和历法：如剪纸、绣花、刺绣、茶艺、陶艺、漆艺、木雕、皮革制作、竹编、烙铁烫、烟火制作；针灸、拔罐、药膳、中药配伍、药物炮制、药膏制作；推算时辰、推算朔望、节气计算、节令预测、农历推算、纪年编码等。

传统礼仪、节庆等民俗：如礼节、礼数、礼貌、礼仪等；春节、元宵节、清明节、端午节、中秋节、重阳节、腊八节等。

传统体育和游艺：如传统体育：足球、篮球、排球、网球、棒球、游泳、田径、射击、曲棍球等；游艺：台球、保龄球、高尔夫球、桌上足球、桌上排球、桌上网球、桌上棒球、桌上游泳、桌上射击、桌上曲棍球等。

其他非物质文化遗产：属于非物质文化遗产组成部分的实物和场所，凡属文物的，适用《中华人民共和国文物保护法》的有关规定。

赛龙舟：中国传统民间体育运动，流行于江河湖海沿岸地区，是中国传统文化的重要组成部分。

剪纸：中国传统民俗，最早起源于宋代，是一种以纸为材料，以剪刀为工具，利用剪刻、折叠、粘贴等技法制作出各种图案的艺术形式。

刺绣：中国传统民俗，最早起源于汉代，是一种以绣花为主要手艺，利用绣花、缝纫等技法制作出各种图案的艺术形式。

扇子：中国传统民俗，最早起源于春秋时期，是一种以竹、桃木、檀木等材料，以雕刻、绘画、编织等技法制作出各种图案的艺术形式。

总之，非物质文化遗产是一个民族历史、文化和精神的重要象征，是保护世界文化多样性的重要组成部分。各国政府和社会各界都应采取有效措施，加强对非物质文化遗产的保护，并努力促进其传承和发展。

第四节 虚拟可视化的概述

虚拟可视化技术是一种新兴的技术，它可以将虚拟环境和实际环境融合在一起，使用户能够在虚拟环境中进行操作，从而获得更好的体验。虚拟可视化技术是一种新兴的技术，它可以帮助用户更好地理解和掌握复杂的信息，从而提高工作效率。虚拟可视化技术的发展也得到了许多技术的支持，其中包括虚拟现实（VR）技术、增强现实（AR）技术、三维建模技术、计算机视觉技术等。这些技术可以帮助用户更好地理解和掌握复杂的信息，改善用户体验，并为企业提供更多的服务[3]。它有着广阔的发展前景，将在未来发挥重要作用。虚拟可视化的基本原理是使用计算机图形学技术来模拟真实世界的环境和场景，以及使用虚拟现实技术来模拟真实世界的行为和交互。

一、虚拟可视化的概念及应用领域

虚拟可视化是一种新兴的计算机技术，它可以将复杂的数据转换成可视化的图形和动画，以便用户更容易理解和操作。虚拟可视化技术可以帮助用户更好地理解和分析复杂的数据，更好地控制和管理数据，以及更有效地使用数据。

虚拟可视化技术可以通过使用虚拟现实（VR）、增强现实（AR）、三维（3D）和四维（4D）技术来实现。它可以提供虚拟环境，让用户可以以自然的方式来操作和分析数据。此外，它还可以使用多种图形，如曲线、条形图、饼图、柱状图、热图、地图等，以及多种动画，如旋转、缩放、淡入淡出等，来帮助用户更好地理解和分析数据。

虚拟可视化技术可以用于各种行业，如建筑、制造、娱乐、教育、医疗等，以及其他各种领域。例如，建筑行业可以使用虚拟可视化技术来模拟建筑物的外观和内部结构，以便更好地设计和建造建筑物。制造行业可以使用虚拟可视化技术来模拟制造过程，以便更好地控制和管理制造过程。娱乐行业可以使用虚拟可视化技术来创建虚拟环境，以便更好地模拟实际环境，以及提供更好的视觉体验。

虚拟可视化技术可以帮助用户更好地理解和分析数据，从而更好地控制和管理数据，以及更有效地使用数据。此外，它还可以帮助用户更好地模拟实际环境，以及提供更好的视觉体验。因此，虚拟可视化技术可以为各行各业的用户提供更多的便利，并帮助用户更好地利用数据。

二、虚拟可视化的优势

可以模拟复杂的环境和场景：虚拟可视化技术可以模拟复杂的环境和场景，比如暴风雪、地震、火灾等，这可以让用户在安全的环境下体验这些场景，并帮助用户学习、训练一些应对这些场景的技能。

提供沉浸式体验：虚拟可视化可以提供沉浸式的体验，让用户感觉自己置身于模拟的场景中。这种体验可以加强用户的体验感、记忆力和学习效果，从而提高用户的满意度和产品的效果。

显示更多的细节和信息：虚拟可视化可以显示更多的细节和信息，比如三维场景、透视图、热力图等，这可以帮助用户更好地理解和分析数据，并进行更准确的决策。

可以节省成本：虚拟可视化可以节省大量的成本，如建筑、交通、医疗等领域可以通过虚拟可视化技术减少实际的物理建设和训练成本。

增加用户参与度：虚拟可视化可以增加用户参与度和体验乐趣，从而提高用户的兴趣和忠诚度，这对于产品的推广和市场占有率提升有很大的帮助。

三、虚拟可视化的缺点

虚拟可视化技术虽然被广泛应用于各个领域，但也存在一些缺点，包括：

（一）资源需求高

虚拟可视化技术需要大量的计算资源和储存空间，因此系统成本比较高，这使得其使用范围更加有限，不适合小型企业或个人使用。

首先，虚拟可视化技术需要高性能的计算机硬件支持。这些硬件包括高速中央处理器（CPU）、专业显卡、大容量内存等，这些硬件的价格较高，需要大量的资金投入。因此，对于普通的小型企业或个人来说，这些硬件成本过于昂贵，难以承受。其次，虚拟可视化技术需要大量的储存空间。虚拟现实（VR）和增强现实（AR）技术的内容通常十分庞大，包括高清图片、音频和视频等，这些都需要大量的存储空间。由于存储空间的成本相对高昂，需要为存储和备份购买额外的设备，这也增加了成本。最后，虚拟可视化技术的系统开发和维护成本高昂。这种技术需要专业算法和软件开发知识，以构建高质量的软件系统。此外，技术发展及时，需要不断进行系统更新、调试和维护，也需要不断的人力和财力投入。

综上所述，虚拟可视化技术需要大量计算资源和储存空间，系统成本高昂，这使得其在小型企业或个人之间使用比较有限。大型机构如图书馆、博物馆和教育机构等具有更丰富的资金和资源，但对于小型的企业或个人来说，难以承担虚拟可视化技术所需的高昂成本。虚拟可视化需要依赖高端技术，包括图形处理、计算机视觉等方面的技术，这使得上手难度较大，需要专业的技术人员进行开发、维护和使用。

（二）视觉疲劳

虚拟可视化需要用户长时间进行镜头的旋转、缩放、平移等操作，这与传统的静态图像相比，需要更多的用户参与和操作。但是，这种交互式的操作持续时间较长，容易导致用户视觉疲劳，并影响其工作效率。这是虚拟可视化技术的一个困境。

首先，与传统的静态图像比较，虚拟可视化技术允许用户沉浸其中，但是这种交互式的操作方式容易导致视觉疲劳。用户在操作时，需要长时间地观察和引导视线，这导致眼睛肌肉长时间地疲劳和眼睛干涩等症状。

其次，虚拟可视化技术在模型的细节层面表现非常出色，这可能导致用户沉迷于模型的微观细节而忽略了全局视角，导致大量信息的重复、盲目扩展等问题，使得用户快速失去耐心，不能有效地利用虚拟可视化技术获得想要的信息。

最后，在使用虚拟可视化技术的过程中，用户通过调整镜头使图像跟随人体日常活动的朝向，如上下左右、前后平移等，这样容易产生目视锥拐点，在视野转化的过程中角度突然跳变，导致短暂昏暗和目光刺痛等不适症状，持续操作容易导致视觉疲劳。

综上所述，虚拟可视化技术需要长时间交互操作，容易导致用户视觉疲劳，这是一项需要重视的技术问题。开发虚拟可视化技术的任务，应该着眼于提供更有效、更人性化的操作方式，充分考虑折中方案，打破观察模式的单一性，降低用户的疲劳感，提高其使用工作效率。

（三）真实感不足

虚拟可视化技术虽然提供了非常逼真的图像效果，但与现实世界相比，仍然存在真实感不足的问题。这主要表现在以下几个方面：

1. 材料感缺失

在虚拟可视化中，很难自然地表现各种材料的质感。与现实世界相比，材料的光泽度、纹理、反射、折射等特征存在着很大的差异，这使得虚拟世界中的物体难以和现实世界中的物体完全贴合，缺少真实感。

2. 环境感落后

虚拟环境的模拟通常比现实环境更显得简单、平淡，缺乏真实感。例如，现实世界中的气味、温度、湿度、声音等因素对人们的感官有很大的影响，但是这些元素在虚拟环境中很难再现，因此缺乏真实感。

3. 运动真实感差

运动在现实世界中是具有很强的真实感的，但是在虚拟可视化中，由于硬件设备和传感技术等限制，运动的真实感常常难以完全展现，使得用户感觉运动表现模糊。

4. 交互感不足

虚拟可视化技术中交互的真实感不足。现实世界中，许多动作、行为都具有非常自然的触觉反馈，而在虚拟世界中，这种触觉反馈很难完全复制。例如，使用虚拟手柄进行操作时，难以获得真正的触觉反馈，缺乏真实感。

综上所述，虚拟可视化技术在真实感方面还存在一些问题。为了提高虚拟可视化技术的真实感，需要从多个方面入手，包括光线追踪、纹理映射、运动捕捉等技术的升级，将各种视觉、听觉、触觉等因素结合起来，以更好地提高虚拟环境的真实感。

（四）依赖硬件设备

虚拟可视化技术需要配备高性能的计算机、显示设备或 VR 设备等硬件设备支持，这会增加用户的成本和使用难度。具体表现在以下方面：

1. 计算机硬件需求高

虚拟可视化技术需要充分发挥计算机处理和图形渲染的能力。一般而言，计算机需要支持高分辨率和高帧率的显示，以保证用户在虚拟环境中获得流畅舒适的体验。这就需要使用显卡、处理器、内存等高性能的计算机硬件设备。

2. 显示设备需要高清晰度

虚拟可视化技术的最终结果需要成功输出到物理显示设备上。在一些虚拟可视化应用中，如 VR 等场景，显示设备的质量与性能更加重要。这些高清晰度显示器价格较高，对用户来说成本也相对较高。

3. VR 设备需要专业支持

VR 作为虚拟可视化技术的重要支持，需要使用专业的 VR 头显等设备，这不仅催生了 VR 头显和相关硬件的消费市场，而且也需要专业知识和技能，使得使用 VR

设备的门槛较高。

4.使用难度高

虚拟可视化技术进入市场不久,很多用户不熟悉操作和使用流程,这增加了使用难度。

综上所述,虚拟可视化技术需要高性能的计算机、显示设备或VR设备等硬件设备支持,这会增加用户成本化和使用难度。因此,要想提高虚拟可视化技术的市场份额和商业价值,需要借助技术的发展,优化硬件设备的价格、操作方式和使用体验等方面,以提高虚拟可视化技术的普及程度。

第五节 非物质文化遗产保护的重要性及可行性

非物质文化遗产保护的重要性日益凸显。随着社会的发展,非物质文化遗产保护已经成为一个重要的社会议题。非物质文化遗产是指传统文化,它包括民间传说、民间艺术、宗教仪式、民俗习俗、传统技艺、传统食物、传统服饰等。非物质文化遗产保护对于保护和传承传统文化有着重要的意义。

首先,非物质文化遗产的保护可以保护传统文化,使其不被现代文化所替代。传统文化是一个国家的文化基因,它是一个国家的文化根基,它为一个国家的文化发展提供了坚实的基础。因此,保护非物质文化遗产可以保护传统文化,使其不被现代文化所取代。

其次,非物质文化遗产的保护可以促进文化多样性的发展。文化多样性是一个国家文化发展的重要标志,它可以更好地反映一个国家的文化多样性和文化复兴。通过保护非物质文化遗产,可以促进文化多样性的发展,从而更好地反映一个国家的文化多样性和文化复兴。

再次,非物质文化遗产的保护还可以促进社会文化的繁荣和发展。传统文化是一个国家的精神财富,它可以丰富社会文化,促进社会文化的繁荣和发展。因此,保护非物质文化遗产可以促进社会文化的繁荣和发展。

最后,非物质文化遗产的保护还可以增强国家的自豪感和民族认同感。传统文化是一个国家的文化象征,它可以增强国家的自豪感和民族认同感。通过保护非物质文化遗产,可以增强国家的自豪感和民族认同感,从而使国家的文化更加繁荣。

一、保护非物质文化遗产的历史价值

非物质文化遗产具有重要的历史价值,它们不仅是人类文明发展的重要见证,

更是当代人们洞察历史的重要窗口。保护非物质文化遗产的历史价值,是指保护非物质文化遗产的历史文化价值,以及它们所传递的文化信息和精神内涵。保护非物质文化遗产的历史价值,可以通过组织文化活动、实施文化教育、提高文化保护意识、发展文化产业等多种方式实现。既有助于保护和传承传统文化,保存和传播民族文化,弘扬民族文化,增强民族的凝聚力和自豪感,可以让人们从中了解历史,同时也可以让当代人们在更新的视角中重新认识和认知传统文化,从而增强文化自信,激发文化创新活力,促进文化多样性、文化多元化。此外,保护非物质文化遗产的历史价值,还需要科学研究,积极推动非物质文化遗产的保护和传承,以便将非物质文化遗产的历史价值传递给后代,让其受益。还有助于促进社会的进步和发展,促进国际文化交流。

二、保护非物质文化遗产的社会价值

非物质文化遗产是指以民间传统技艺、宗教信仰、风俗习惯、语言文字、音乐舞蹈、社会制度、表演艺术等为主要内容的文化遗产。它的社会价值在于:

第一,非物质文化遗产是文化传承的重要载体,具有重要的历史文化价值和科学价值。它可以为文化发展提供深厚的文化底蕴,丰富文化内涵,促进文化交流与融合,从而推动文化创新发展。

第二,非物质文化遗产可以丰富人们的精神生活,弘扬传统文化,激发人们对传统文化的认同感,促进民族凝聚力和团结精神的建设,增强民族文化自信心。

第三,非物质文化遗产的保护可以促进文化旅游的发展,提高当地的经济和社会发展水平。它不仅是文化传承的重要载体,而且还是人们获取知识和文化的重要窗口,可以拓展人们的视野,提高人们的文化素养。

它是人类文明的重要组成部分,是人类社会文化发展的重要财富。非物质文化遗产的保护,不仅有利于保护人类文明的多样性,也有助于提高当地社会的文化素养,促进当地社会的经济发展。

非物质文化遗产的保护,首先,要加强人们对非物质文化遗产的认识,让更多的人了解其重要性,从而建立起相关的保护意识。其次,要采取有效的措施,加强对非物质文化遗产的保护,包括立法、规范、记录和保护等。最后,要加强社会文化教育,让更多的人了解非物质文化遗产的价值,以及非物质文化遗产的重要性,从而提高社会对非物质文化遗产的保护力度。

三、保护非物质文化遗产的文化价值

非物质文化遗产是指社会历史发展过程中形成的，由人们以口头、行动或肢体语言传承的口头传统、宗教仪式、技艺活动、节日、民俗等文化形态。它们体现着一个民族的文化精神，是人类文化多样性的重要组成部分，也是构成民族文化记忆的重要载体，同样它们是人类文明的重要组成部分，具有重要的文化价值。

非物质文化遗产可以提供重要的历史信息，可以帮助人们了解过去的文化发展和历史变迁，有助于人们更好地了解自身的文化身份，增强自身文化认同感。非物质文化遗产可以保留和传承传统文化，保护传统文化的独特性和多样性，抵御外来文化的侵蚀，让传统文化得以延续。非物质文化遗产可以增强人们的艺术素养，提升文化素质，激发人们的文化创造力，丰富人们的文化生活。

保护非物质文化遗产具有重要的文化价值意义：一是维护民族文化多样性，保护非物质文化遗产有助于维护民族文化多样性，把民族文化多样性转化为文化多样性，促进各民族文化的交流与融合；二是保护文化遗产，保护非物质文化遗产有助于保护文化遗产，保护文化遗产的内涵，充分发挥文化遗产的历史价值；三是传承民族文化，保护非物质文化遗产有助于传承民族文化，传承民族文化的精神，传承民族文化的精髓，使民族文化得以延续[4]。

因此，保护非物质文化遗产具有重要的文化价值，应当加强对非物质文化遗产的保护，使其得以传承和发展。保护非物质文化遗产具有重要的文化价值，是每个国家和民族的责任。应该采取有效的措施，加强对非物质文化遗产的保护，以确保人类文明的发展。

综上所述，非物质文化遗产保护具有重要的意义，它可以保护传统文化，促进文化多样性的发展，促进社会文化的繁荣和发展，增强国家的自豪感和民族认同感。因此，我们应该加强对非物质文化遗产的保护，以保护和传承传统文化。

第六节 虚拟可视化应用于非物质文化遗产保护的可行性

随着社会的发展，非物质文化遗产保护的重要性日益凸显，但是现实中的保护措施受限于资源和空间，无法有效保护非物质文化遗产。因此，虚拟可视化技术应运而生，它可以有效地保护非物质文化遗产。虚拟可视化技术可以通过虚拟现实、增强现实和三维可视化等手段，将非物质文化遗产的形象、声音和文字等信息进行虚拟化，并通过计算机程序和网络技术实现可视化。虚拟可视化技术能够提供一个可以观看、记录和分享的文化环境，使非物质文化遗产的保护成为可能。

首先，虚拟可视化技术可以模拟真实环境，使非物质文化遗产得以真实存在。例如，通过虚拟现实技术，可以在虚拟环境中重现古建筑、古迹和古代文化等，让历史文化得以重现，从而保护非物质文化遗产。其次，虚拟可视化技术可以实现非物质文化遗产的记录和保存。虚拟可视化技术可以将非物质文化遗产的形象、声音和文字等信息记录下来，从而实现非物质文化遗产的记录和保存。

此外，虚拟可视化技术还可以实现非物质文化遗产的传播和传承。虚拟可视化技术可以将非物质文化遗产的形象、声音和文字等信息通过网络传播和传承，从而让更多的人可以了解和享受非物质文化遗产。总之，虚拟可视化技术可以为非物质文化遗产的保护提供有效的手段，它可以实现非物质文化遗产的数字化永久保存，以及非物质文化遗产数字化传播和传承，从而有效地保护非物质文化遗产。

虚拟可视化应用可以有效地保护非物质文化遗产。非物质文化遗产是指以文字、音乐、舞蹈、宗教、语言、礼仪、手工艺等形式传承的文化遗产。它们是人类文明的重要组成部分，具有重要的历史价值和文化价值。利用虚拟现实技术来模拟和分析非物质文化遗产，以便更好地保护和传承它们。虚拟现实技术可以将非物质文化遗产制作成三维虚拟模型，以便精确模拟和分析它们的外观、结构和功能。这些虚拟模型可以用于教育、研究和传播，以便更好地保护和传承非物质文化遗产。

因此，虚拟可视化应用是保护非物质文化遗产的可行性方法。虚拟现实技术可以模拟和分析非物质文化遗产的外观、结构和功能，以及它们的使用环境，从而更好地保护和传承非物质文化遗产。此外，虚拟文化遗产保护系统可以将非物质文化遗产的保护工作集中到一个系统中，从而更好地管理和保护非物质文化遗产。因此，虚拟可视化应用是保护非物质文化遗产的可行性方法。

一、非物质文化遗产虚拟可视化保护的优势

（一）可以更好地保护非物质文化遗产

虚拟可视化可以更好地保护非物质文化遗产，因为它可以更好地保存和传播非物质文化遗产，以及更好地保护其原有的形式和内容。

虚拟可视化可以更好地保护非物质文化遗产，主要有以下几点。

保存和传播。虚拟可视化保护可以使用数字化技术，将非物质文化遗产的信息以数字形式保存下来，并提供给更广泛的受众进行传播。这样可以将非物质文化遗产的信息传达给更多人，以及保存文化遗产不受时间、地域限制。

保护原有形式和内容。虚拟可视化保护可以将非物质文化遗产以原貌呈现出来，

并且保护其原有的形式和内容，让人们有机会了解和感受非物质文化遗产，从而保护其特有的历史和文化价值。

更好的互动性。虚拟可视化保护可以为人们提供更多的互动性，人们可以在虚拟场景中自由地观看并与之互动，更好地理解非物质文化遗产的价值和意义。这样，更多的人可以积极参与到非物质文化遗产的保护工作中来。

有助于开展相关研究。虚拟可视化保护可以提供更多的研究材料和数据，研究人员可以更深入地研究和分析非物质文化遗产，并促进保护工作的不断进行和深化。

综上所述，虚拟可视化保护作为一种创新的非物质文化遗产保护手段，有着重要的意义。通过使用虚拟可视化技术，可以更好地保存和传播非物质文化遗产，同时保护其原有的形式和内容，促进非物质文化遗产的保护和发展。

（二）可以更好地传播非物质文化遗产

虚拟可视化保护可以更好地传播非物质文化遗产，因为它可以更好地展示非物质文化遗产的历史、文化、价值等，以及更好地传播非物质文化遗产的知识。

非物质文化遗产是一种无形的文化资源，其传承和传播十分重要，以促进文化多样性的发展。虚拟可视化保护可以更好地传播非物质文化遗产，主要有以下几方面的优势。

提供更多展示方式。虚拟可视化保护可以利用3D等数字化技术，将非物质文化遗产以精致的虚拟展示形式呈现，包括通过数字模型展示文化遗产的实物模型，以及模拟非物质文化遗产的传统技艺和技术过程等。这种展示方式可以更好地吸引观众的兴趣，从而推广文化遗产的知识。

更广泛的传播范围。虚拟可视化保护可以将非物质文化遗产的知识以数字化的方式进行传播。数字化的知识可以通过网络、移动应用、虚拟展览等方式传播，让更多的人可以方便地了解文化遗产并进行分享。

科学的展示方式。虚拟可视化保护可以建立一个科学、系统的展示方式，可以更好地展示文化遗产的价值、意义和故事，这对于让观众彻底在心理上接受文化遗产的价值是非常重要的。

科学的研究方式。虚拟可视化保护提供了一种科学、系统的展示方式，更方便研究人员进行研究探讨，从而更好地理解非物质文化遗产及其所体现的文化价值，这对于进一步推广文化遗产非常重要。

综上所述，虚拟可视化保护可以更好地传播非物质文化遗产，可以提供更多展示方式，更广泛的传播范围，科学的展示方式和研究方式，这些优势都有助于将非物质文化遗产的价值传达给更多人，并为文化多样性的发展带来积极作用。

（三）可以更好地提高非物质文化遗产的价值

虚拟可视化保护可以更好地提高非物质文化遗产的价值，因为它可以更好地展示非物质文化遗产的历史、文化、价值等，以及更好地传播非物质文化遗产的知识。非物质文化遗产是一个民族文化的重要组成部分，它是人们创造和塑造历史、经验和社会价值观念的表现和载体。同时，非物质文化遗产也是一个国家和地区的宝贵财富，具有历史、文化、艺术和审美价值。虚拟可视化保护可以更好地提高非物质文化遗产的价值，主要体现在以下几方面。

通过数字化技术保存和保护非物质文化遗产。数字化技术可以帮助保存和保护非物质文化遗产。虚拟可视化保护可以将文化遗产数字化，以数字媒体形式传播，从而减少传统保存手段所引起的损失。

挖掘非物质文化遗产的内在价值。虚拟可视化保护可以通过科学的手段，更好地展示文化遗产的历史、文化、价值等方面，从而为观众揭示非物质文化遗产的内在价值。这种文化价值可以是美学价值、人类学观点、民族学基础等。

提高传统手工艺技术的创新能力。传统手工艺继承人的培养和传承是一项长期的工作，而虚拟可视化保护技术可以减少传统手工艺技术的传承成本，促进传统技艺的发扬和创新，从而为非物质文化遗产带来更多的价值。

增加文化产业的效益和新的商业模式。虚拟可视化保护为非物质文化遗产的推广提供了新的商业模式，如数字文化遗产展览等，这可以促进文化产业的发展，提高文化产业的效益。

综上所述，虚拟可视化保护可以更好地提高非物质文化遗产的价值，通过数字化技术保存和保护非物质文化遗产，在挖掘文化遗产的内在价值，增加传统技艺的发扬和创新，以及增加文化产业效益和新的商业模式等方面，都有助于提高非物质文化遗产的价值。

（四）可以更好地提高非物质文化遗产的可访问性

虚拟可视化保护可以更好地提高非物质文化遗产的可访问性，因为它可以更好地将非物质文化遗产的信息和内容传播给更多的人，从而更好地保护非物质文化遗产。

非物质文化遗产对一个国家和地区的文化和历史具有重要的意义，而虚拟可视化保护可以通过数字化技术，更好地将这些非物质文化遗产的信息和内容传播给更多的人，从而提高其可访问性。具体阐述如下。

通过虚拟可视化保护，人们可以更轻松地了解非物质文化遗产的历史、文化和传统价值，无论时空距离如何，都可以在网络上互相传达，从而提高文化的可访问性。

虚拟可视化保护可以更好地利用数字媒体，将非物质文化遗产的信息和内容传播到全球范围内，通过互联网等媒介形式，使更多的人能够了解和参与到非物质文化遗产的保护中来。

虚拟可视化保护可以为人们提供更多的学习和交流渠道，使非物质文化遗产内容的学习和传承更具有可行性和可持续性。

虚拟可视化保护提供了新的体验方式，人们可以通过虚拟现实、增强现实等技术手段，更加生动、直观地体验非物质文化遗产，从而增强了其可访问性。

综上所述，虚拟可视化保护可以更好地提高非物质文化遗产的可访问性，它可以利用数字媒体，将信息和内容传播到全球范围内，提供更多的学习和交流渠道，提供新的体验方式，从而使非物质文化遗产的保护更具有可行性和可持续性。通过此种方式人们可以更加直观和全面地了解和传承非物质文化遗产，使这些珍贵的文化财富能够得到更好的传承和保护。

二、非物质文化遗产虚拟可视化应用的可行性

虚拟可视化技术为非物质文化遗产保护提供有效的解决方案。虚拟可视化技术可以将非物质文化遗产的信息和内容进行可视化，从而使其可以被更多的人所认知和理解。此外，虚拟可视化技术还可以提供一种新的方式来收集、整理和存储非物质文化遗产的信息，从而有助于更好地保护和传承这些遗产。虚拟可视化技术还可以帮助政府和社会机构更好地管理和维护非物质文化遗产，从而有助于更好地保护这些遗产。因此，虚拟可视化技术应用于非物质文化遗产保护是可行的。

（一）虚拟现实技术的发展

虚拟现实技术（Virtual Reality，VR）是指通过计算机等技术手段创造出虚拟的三维空间，使人们能够与虚拟环境进行交互和沉浸式体验的技术。其主要技术原理包括计算机图形学、传感技术和机器学习等，其发展主要经历了以下三个阶段。

第一阶段：低保真度的虚拟现实技术（20世纪60年代至20世纪90年代）

20世纪60年代，人们开始尝试用计算机生成虚拟环境。这一阶段的虚拟现实技术，由于计算机性能较弱，主要以简单的图像和几何形状为主，可以说其保真度很低。早期的虚拟现实应用主要集中在军事、航空航天、医学等领域，用于训练和仿真。

第二阶段：高保真度的虚拟现实技术（20世纪90年代至21世纪初）

20世纪90年代末，虚拟现实技术经历了一次飞跃，计算机图形学和传感技术获得了重大进展，人们得以在虚拟环境中进行真实体验。同时，显示、感知和控制技术的完善，使得头戴式显示器和手柄等外设设备成了VR体验的标配，为VR的商

业应用奠定了基础[5]。

第三阶段：综合应用的虚拟现实技术（21世纪初至今）

当前，虚拟现实技术应用广泛，与人工智能、云计算等技术深度融合。VR已成为游乐、电影、教育、旅游、房地产等行业的重要应用之一。而在产业方面，VR也为模拟训练、无人驾驶、工业设计等工作提供新的解决方案。同时，随着移动设备和AR技术的发展，VR技术正在向AR技术融合，促进了技术更为广泛的应用。

硬件产品发展：为让用户更好地体验虚拟现实，硬件设备的发展非常重要。目前，VR所需的硬件包括头戴式显示器、手柄控制器、感应器、触觉反馈设备等，外设的种类和数量让VR应用变得越来越完整和全面。VR头显的视角、分辨率、刷新率、质量和亮度等方面的提升，为用户提供了更真实的视觉体验。随着Oculus Rift、HTC Vive、Playstation VR、Samsung Gear、Google Daydream等头显设备上市，虚拟现实通过移动、PC等平台广泛应用于娱乐、游戏、教育、医疗、旅游等领域。

（二）政府的支持

中国政府非常重视对非遗数字化的支持，并采取了一系列政策措施支持非遗数字化的发展。例如，中国政府在2016年发布了《中国非物质文化遗产数字化保护指南》，提出了完善非物质文化遗产数字化保护体系的构想；同时，中国政府还设立了一系列的资金支持非遗数字化的发展，以及支持非遗数字化保护的技术研究。此外，中国政府还在全国范围内开展了大规模的非遗数字化保护项目，以保护和传承中国的非物质文化遗产。

2017年4月11日，文化部出台《关于推动数字文化产业创新发展的指导意见》，这是国家层面首个明确提出数字文化产业概念的政策文件。文件主要内容为加强数字文化产业基础设施建设，加快推进数字文化产业基础设施建设，完善数字文化产业技术支撑体系，提升数字文化产业发展水平。支持数字文化产业创新发展。加强数字文化产业创新发展，支持新兴数字文化产业的发展，推动数字文化产业技术创新，提升数字文化产业的竞争力。推动数字文化产业融合发展。推动数字文化产业与其他产业的融合发展，支持数字文化产业与新兴技术的融合，推动数字文化产业与文化传播的融合。完善数字文化产业政策环境，加强数字文化产业的法律保护，支持数字文化产业的财政投入，改善数字文化产业的营商环境。

2018年国家文化和旅游部发起的一项重要的文化保护项目，旨在保护和传承中国传统非物质文化遗产，通过数字化技术和信息技术，将非物质文化遗产转化为数字化资源，以保护和传承中国传统文化。该项目将收集、整理和数字化传统非物质文化遗产，并建立一个非物质文化遗产数据库，以便更好地保护和传承中国传统文化。

2020年11月，文化和旅游部出台了《关于推动数字文化产业高质量发展的意见》，明确提出要实施文化产业数字化战略，推动数字文化产业高质量发展，加快基础设施建设，支持面向行业通用需要，建设数据中心、云平台等数字基础设施，完善文化产业"云、风、端"基础设施，打通数字化采集—网络化传输—智能化计算"数字链条"促进优秀文化资源数字化[6]。

三、非物质文化遗产虚拟可视化发展现状

对文化遗产的数字化保护、信息可视化等研究是近年来热门的一个研究领域，随着近些年信息可视化技术的发展，将其数字化技术引入到非遗保护和传播领域受到了国内外专家学者的重视。美国、法国等一些国家早在20世纪90年代初就已经开始进行对非遗数字化信息的建设和保护项目，并取得了很好的社会反响及经济效益。日本在非遗数字化保护上也取得了一些成果。如日立公司制作的奥兹地区非物质文化遗产"狮子舞"信息可视化系统。

关于非遗信息可视化展示，国内外学者也做了很多尝试。最初的信息展示只是静态的视觉信息，也就是我们所熟悉的"图片+文字"展示方式。这种方式常见于博物馆以及网页的展示之中。随着多媒体技术的发展，出现了包括视频、音频、动画在内的动态信息展示。这种展示方式相较于静态信息展示更容易吸引人，给人留下深刻印象。AR、VR技术的出现，使研究的重心转移到了虚拟展示上。虚拟博物馆、虚拟展览以及虚拟旅游开始盛行。

Jong-Gil Han, Kyoung-Wook Park, Kyeong-Jin Ban, Euug-Kon Kim 介绍了一个户外的增强现实三维模型可视化系统，可以在户外对文化遗址进行三维模型和信息展示。Lei Hua, Chongcheng Chen, Hui Fang, Xiangxiang Wang 以福建永定的客家文化为例，制作了一个基于互联网的包含三维地理信息服务的虚拟旅游系统。杨丽萍在《面向文物的三维信息可视化关键技术研究》中结合具体实践案例，对可用于文物三维虚拟展示的关键技术进行了研究。Raynel Mendoza, Silvia Baldiris, RamonFabregat 提出了一个文化遗产教育框架，并得到了验证。Rebecca K. Napolitano, George Scherer, Branko Glisic 提出了 VT/IM 方法，用以解决 3D 建模耗时过长，图片又难以表达一些关联性信息的问题。Jianghai Zhao 建立了一个基于 web 3D 技术的虚拟博物馆，并加入了网络聊天室，使虚拟博物馆成为一个交互式的学习环境。Virtual humans in cultural heritage ICT applications: A review 一文对虚拟人物现有的呈现方式进行了总结，并且指出了各种方式的优劣之处。学者不再只是以全景图片、三维建模等方式

简单地展示信息，开始希望人们除了视觉的震撼以外，能参与其中，与信息进行互动交流。

关于非遗虚拟可视化也有不少的例子。比如位于东京都文京区的印刷博物馆中，凸版印刷技术经由其研发的数字化应用技术让文物"活起来"。该数字化应用技术通过数据信息可视化，利用虚拟现实技术等手段复原并保存文物，满足全方位、多角度、近距离观看文物需求的同时，对印刷技术这项非物质文化遗产也起到了传承与保护。再比如北京故宫博物院曾用三维计算机技术、信息可视化等虚拟可视化技术模拟修复了一具人面造像，将虚拟可视化与文物修复相结合。2015年，张昕宇和梁红夫妇在阿富汗运用先进的建筑投影技术，将曾遭到残酷轰炸而已面目全非的巴米扬大佛进行了光影还原。2017年，"看见"圆明园项目展对圆明园数字复原成果进行展示，通过实物搭建和虚拟可视化技术相结合的方式对圆明园正大光明、方壶胜境、西洋楼等场景进行虚拟展示，使观众在展厅中便可看到圆明园当初的再现场景，获得沉浸式的游览体验。瑞士日内瓦大学研究人员利用多媒体、虚拟现实、增强现实等虚拟可视化技术手段，对消失了近2000年的庞贝古城进行了虚拟复原和重现，使它以数字化的形式获得"重生"，使观众能够一睹庞贝古城往日的风采，以及通过交互、动画等，使观众能够了解庞贝古城背后的历史故事和境遇[7]。

综上所述，目前虚拟可视化技术已逐渐运用到非遗的保护与传播上，并取得了一些成果。虚拟可视化技术也日趋成熟、易用。尤其是运用虚拟可视化技术对已经遭到破坏、难以想象其曾经辉煌的场景进行虚拟复原与展示。

第二章 非物质文化遗产保护历程

非物质文化遗产的保护历程始于20世纪90年代初,当时联合国教科文组织(UNESCO)首次提出了"非物质文化遗产"的概念,把它纳入文化遗产保护的范畴中[8]。20世纪90年代末,联合国教科文组织正式发布了《非物质文化遗产宣言》,正式确立了非物质文化遗产保护的框架。2002年,联合国教科文组织正式发布了《非物质文化遗产保护框架》,明确了非物质文化遗产的定义、保护原则、保护措施和实施机制。

2003年,中国政府首次提出了"非物质文化遗产保护法",明确了非物质文化遗产的定义、保护原则、保护措施和实施机制。2006年,中国政府正式发布了《非物质文化遗产保护条例》,进一步完善了非物质文化遗产保护的制度。随着非物质文化遗产保护的不断发展,中国政府在此基础上,又陆续出台了《非物质文化遗产保护行动计划》《非物质文化遗产登记管理办法》等相关法规,以保护更多的非物质文化遗产,保护更多的文化多样性。

此外,中国政府还推出了一系列政策措施,以促进非物质文化遗产的保护。例如,政府制定了《非物质文化遗产保护补贴政策》,为非物质文化遗产保护提供资金支持;政府还建立了"非物质文化遗产保护基金",用于支持非物质文化遗产的保护和传承。

非物质文化遗产的保护历程至此,已经取得了显著的成果,但也存在一些问题,例如,目前非物质文化遗产的保护仍处于起步阶段,缺乏系统性;非物质文化遗产的传承存在着一定的困难,缺乏有效的传承机制;非物质文化遗产的保护也存在着一定的缺陷,缺乏有效的保护措施。

因此,未来中国政府应该加强对非物质文化遗产的保护,加强对非物质文化遗产的系统研究,加强对非物质文化遗产的传承,以便更好地保护和传承中国的非物质文化遗产。

第一节　非物质文化遗产国内外保护现状

非物质文化遗产是指人类遗留下来的技艺、表演艺术、风俗习惯、宗教信仰、知识及其传播方式等，它们是人类文明发展的重要组成部分，也是文化多样性的重要象征。由于社会的发展和经济的增长，传统文化正受到越来越多的威胁，这就要求我们加强对非物质文化遗产的保护。

一、非物质文化遗产保护现状

（一）国外保护现状

欧洲：欧洲在非物质文化遗产保护方面取得了显著成就，其中最重要的是欧盟非物质文化遗产保护框架。该框架旨在促进欧洲各国的非物质文化遗产保护，并为欧洲社会提供重要的支持。此外，欧盟也推出了多项政策，如欧洲文化遗产年，以及欧洲文化遗产保护和发展计划，以支持欧洲国家开展非物质文化遗产保护活动。

美国：美国对非物质文化遗产的保护工作也得到了加强。美国政府制定了一系列政策，以保护其非物质文化遗产，其中包括《美国文化遗产法》和《美国文化遗产保护计划》。此外，美国还建立了一个名为"美国文化遗产保护研究所"的机构，致力于研究非物质文化遗产保护，并对其进行持续监督。

日本：日本也采取了一系列措施保护其非物质文化遗产。日本政府制定了《文化遗产法》，以保护日本的非物质文化遗产。此外，日本政府还建立了一个名为"文化遗产保护机构"的机构，负责管理和保护日本的非物质文化遗产。

联合国教科文组织于2003年颁布了《非物质文化遗产公约》，以保护世界各国的非物质文化遗产。联合国教科文组织提供了一系列资金支持计划，为世界各国的非物质文化遗产保护提供资金支持。联合国教科文组织在全球范围内开展非物质文化遗产保护宣传活动，让人们更好地理解非物质文化遗产的价值[9]。

（二）国内保护现状

国内采取了一系列措施来保护非物质文化遗产。

首先，政府采取了立法措施来保护非物质文化遗产，例如，中国政府于2006年颁布了《非物质文化遗产保护法》，以保护中国的非物质文化遗产；其次，政府采取经济措施来保护非物质文化遗产，例如，中国政府设立了非物质文化遗产保护基金，为非物质文化遗产的保护提供资金支持；再次，政府采取教育措施来保护非物质文化遗产，例如，中国政府在全国范围内开展非物质文化遗产保护宣传活动，让人们更加了解非物质文化遗产的重要性；最后，政府采取科技措施来保护非物质文化遗产，例如，中国政府采用现代技术对非物质文化遗产进行记录和保护。

《中华人民共和国非物质文化遗产法》于 2011 年 6 月 1 日起施行，以法律的形式加强对非遗的保护，彰显了我国维护人类文化多样性的决心。近年来，非遗的传承与保护工作得到了全社会的广泛关注，相关政策、资金、人才等的配套有了较为充分的保障。据统计，截至 2022 年 8 月，国务院已公布了五批 1557 项国家级非遗代表性项目，《国家"十一五"时期文化发展规划纲要》明确提出设立国家级民族民间文化生态保护区。文化生态保护区是指在一个特定的区域中，通过采取有效的保护措施，修复一个非物质文化遗产（口头传统和表述，包括作为非物质文化遗产媒介的语言；表演艺术；社会风俗、礼仪、节庆；有关自然界和宇宙的知识和实践；传统的手工艺技能等以及与上述传统文化表现形式相关的文化空间）和与之相关的物质文化遗产（不可移动文物、可移动文物、历史文化街区和村镇等）互相依存，与人们的生活生产紧密相关，并与自然环境、经济环境、社会环境和谐共处的生态环境。划定文化生态保护区，将民族民间文化遗产原状地保存在其所属的区域及环境中，使之成为"活文化"，是保护文化生态的一种有效方式[10]。在国家和地方一系列政策的引导下，众多非遗得到了抢救性保护，为一批濒临消逝的人类文化基因留存下可考可述或可视可听的火种。我国目前建立的文化生态保护区如下：

闽南文化生态保护实验区（福建省，2007 年 6 月）

徽州文化生态保护实验区（安徽省、江西省，2008 年 1 月）

热贡文化生态保护实验区（青海省，2008 年 8 月）

羌族文化生态保护实验区（四川省、陕西省，2008 年 11 月）

客家文化（梅州）生态保护实验区（广东省，2010 年 5 月）

武陵山区（湘西）土家族苗族文化生态保护实验区（湖南省，2010 年 5 月）

海洋渔文化（象山）生态保护实验区（浙江省，2010 年 6 月）

晋中文化生态保护实验区（山西省，2010 年 6 月）

潍水文化生态保护实验区（山东省，2010 年 11 月）

迪庆文化生态保护实验区（云南省，2010 年）

大理文化生态实验保护区（云南省，2011 年 1 月 17 日）

陕北文化生态实验保护区（陕西省，2012年5月25日）

铜鼓文化（河池）生态保护实验区（广西，2012年11月）

黔东南民族文化生态保护实验区（贵州省，2012年12月）

客家文化（赣南）生态保护实验区（江西省，2013年1月）

格萨尔文化（果洛）生态保护实验区（青海省，2014年8月）

客家文化（闽西）生态保护实验区（福建省，2017年1月）[11]。

  根据《中华人民共和国非物质文化遗产法》，非遗可分为：传统口头文学以及作为其载体的语言，传统美术、书法、音乐、舞剧、戏剧、曲艺和杂技，传统技艺、医药和历法，传统礼仪、节庆等民俗，传统体育和游艺，其他非物质文化遗产等。我国四大发明之一的活字印刷术，为人类文明的延续和发展起到了重要的作用。随着现代科技的发展，活字印刷逐渐退出了主流功能性的历史舞台，而作为文化传承与文创产品依然长期存在于人们身边。浙江省瑞安市平阳抗镇东源村的木活字印刷技术，是我国唯一保留至今且仍在使用的木活字印刷技艺，已有800多年的历史。时至今日他们仍然留存着古代传统工艺，堪称古代印刷术的活化石。国家级非遗项目凤阳花鼓是集曲艺和歌舞为一体的表演艺术，在安徽一带影响深远，是中国民间艺术的典型代表之一，分布在我国海南省的黎族传统纺染织绣技艺，将纺、染、织、绣融为一体，既是日常生活技艺，也是对历史、文化、民俗的一种记录。人们熟知的国家级非遗代表性项目还有传统音乐类的蒙古族呼麦等，传统戏剧类的京剧、昆曲、越剧、皮影戏等，传统美术类的苏绣、粤绣、湘绣、蜀绣、寿山石雕、软木画等，传统技艺类的芜湖铁画锻制技艺等，传统医药类的针灸、藏医药等，民俗类的端午节、妈祖祭典等。种类繁多的非遗项目无不诉说着中华文明厚重而纷繁的历史。

  我国在非遗的保护传承与创新方面，尽管各级政府多方倡导，也出台了一系列非遗保护传承创新的政策，但非遗项目的处境仍不容乐观。除了部分在宣传和创新方面做得较好的非遗项目之外，大多数非遗项目面临着传承人断档、创新力不够、存续活力不足、受众认知面窄等共同问题。这些问题不仅困扰着各地文化部门，同时也困扰着非遗传承人和关心非遗传承发展的民众。

  总之，政府采取了多种措施来保护非物质文化遗产，这些措施有助于保护我们的传统文化，保护我们的文化多样性，促进文化的发展。

二、现有保护措施

非遗（非物质文化遗产）现有保护措施包括但不限于以下方面。

（一）法律保护

中国政府通过制定保护非遗的相关法律和政策来保护非遗，包括《中华人民共和国文化遗产保护法》《非物质文化遗产保护法》等。中国政府对于非遗的重视和保护始终是非常严格和认真的，因此通过制定相关法律和政策来保护非遗。具体阐述如下：

《中华人民共和国文化遗产保护法》：该法明确了国家对文化遗产的保护责任，规定了文化遗产的分类和管理机构，并对不当使用、破坏、盗窃或非法拥有文化遗产等行为进行了明确的制止和打击。

《非物质文化遗产保护法》规定了非遗的分类和保护要求，建立了非物质文化遗产保护制度，并规定了符合保护标准的非物质文化遗产项目应该得到保护和传承。国务院发布了《关于建立非物质文化遗产保护名录制度的通知》。该通知明确了非遗保护名录的确定、管理、宣传等方面的工作要求，并为非遗项目相关单位的保护提供支持。

《非物质文化遗产保护法实施办法》规定了非遗保护项目的申报、审批、录入等程序要求，为非遗保护提供了具体的操作程序和实施规定。

综上所述，中国政府通过制定法律和政策来保护非物质文化遗产，目的是为了保护传统文化、促进传统文化的传承和保护。这些相关法律和政策的制定实质上提高了对非遗的保护和管理水平，也让非遗保护和传承更加系统化和有条不紊，起到了一定的保障作用。

（二）认定核实

中国政府对具有非遗价值的文化遗产进行认定和核实，确认其非遗身份。中国政府对具有非遗价值的文化遗产进行认定和核实，确认其非遗身份的过程中，主要涉及以下几个环节：

候选者评审：针对非遗项目的提名申请，政府会设立专业的评审团队，对候选者进行评审，核实其是否符合非遗标准。

实地调研：对于通过候选者评审的项目，政府会派遣专业人员前往项目所在地进行实地调研，了解其历史、文化价值以及传承情况等。

文献检索：政府会对该非遗项目相关的文献资料进行检索，了解该项目的历史背景、传承方式等，以验证非遗的身份。

区域性特征认证：政府通过调研和文献检索等手段，确认该非遗项目是否具有明显的区域性特征，如方言、习俗、器物等。

社会认可度评估：政府会考虑该非遗项目在社会上的传承度、认知度、受欢迎程度等情况，以及该项目是否对客观上推动文化繁荣做出了贡献等。

通过对上述环节的认定和核实，中国政府可以确认非遗项目的身份并将其纳入非遗保护名录，从而保障非遗项目的传承发展，并促进文化遗产的传承和发扬。

（三）传承保护

中国政府通过资助非遗项目、设立保护基金、开展非遗传承人培训、建设非遗传承示范基地、制定非遗保护规划等方式来保护非遗。

为了保护非遗项目的传承和发展，中国政府采取了多种措施，包括：

资助非遗项目：政府通过提供资金、设备等资源来资助非遗项目，支持其保护、传承和发展。例如，在非遗保护项目申报、保护实施征集、区域性非物质文化遗产代表性项目申报等方面提供相应的资助和支持。

设立保护基金：政府设立了非遗保护基金，专门用于资助和支持非遗项目的研究、保护、传承和发展。同时，政府还鼓励社会各界踊跃捐赠，为非遗保护提供物质保障。

开展非遗传承人培训：政府通过设立非遗传承人培训班、专业学校等方式，培养非遗传承人和专业技能人才，促进非遗项目的传承和发展。

建设非遗传承示范基地：政府在全国范围内建设非遗传承示范基地，为非遗传承提供物质和技术支持，运用现代科技手段保护和传承非遗项目。

制定非遗保护规划：政府通过制定非遗保护规划，制定非遗保护政策和措施，加强非遗的保护、传承和发展，促进文化资源的可持续利用和发展。

总之，中国政府通过多种措施来保护非遗项目，保障非遗项目的传承和发展，确保非遗项目能够获得更好的发展和传承。

（四）数字化保护

中国政府积极推行数字化保护非遗文化，建设非遗数字档案馆、非遗数字博物馆等。为了更好地保护和传承非遗文化，中国政府积极推行数字化保护非遗文化。具体措施包括：

建设非遗数字档案馆：针对非遗项目的具体材料和实物文化遗产，政府建设数字档案馆,将非遗文化的相关信息数字化存储下来,以便后代接续传承。

建设非遗数字博物馆:政府基于数字化技术,建设了大量非遗数字博物馆,展示非遗项目、文物和文化传统的历史渊源和深层次内涵。

非遗数字展览:政府在机关、学校等公共场所以及在线平台上设置了许多非遗数字展览,展示非遗项目的成就、实现和未来愿景,提高公众对非遗文化的认识和关注度。

非遗数字媒体:政府开发了非遗数字媒体,包括非遗传统节日庆典在线观看、非遗传统技艺学习,以及网络文化产品等形式,通过数字化技术手段让非遗文化更好地走进人们的生活。

总之,在数字化技术带来的新机遇下,中国政府积极推进非遗文化数字化保护和传承,推动非物质文化遗产的传承和发展。同时也将非遗文化的传播推向更广阔的舞台,让更多的人了解和热爱非遗文化。

(五)国际交流

中国政府积极参与国际文化交流,将非遗推广到国际舞台,提高了非遗在世界范围内的知名度和认可度。为了推动非遗走向世界、提高非遗的知名度和认可度,中国政府积极参与国际文化交流。具体措施包括:

1. 参加国际文化节庆

中国政府积极参加各种国际文化节庆和文化活动,将非遗文化推向国际舞台,比如"非遗+"项目,将非遗文化与时尚、科技等融合,吸引了广泛的国际观众。中国政府高度重视非物质文化遗产的传承和保护工作,也积极参与各种国际文化节庆和文化活动,提高非遗文化的国际影响力和知名度。

其中,"非遗+"项目是中国政府积极推动的一项将非物质文化遗产与时尚、科技等融合的创新工程。该项目通过将非遗文化与现代元素相结合,推出一系列具有时尚感、科技感、艺术感的文化产品,吸引了广泛的国际观众的关注。

例如,在2018年布鲁塞尔欧洲日活动中,中国文化中心通过"非遗+数字创意"主题活动,展示了非遗文化与虚拟现实技术相结合的数字艺术作品,为欧洲观众带来了别样的文化视觉体验。

此外,中国政府近年来还积极参与国际文化节庆,如法国里昂光影节、意大利博洛尼亚儿童图书展等,展示和传播中国非物质文化遗产。在2019年威尼斯嘉年华上,中国作为主宾国,展示了丰富多彩的非遗文化,包括京剧、彩塑、中医、民族服饰等，展示了中国文化的魅力和独特性，吸引了全球观众的目光。

可以说，中国政府积极参加各种国际文化节庆和文化活动，通过创新方式和手段将非遗文化推向国际舞台，提高了非遗文化在国际上的知名度和影响力，也推动了非遗文化的保护和传承。

2. 举办非遗展览

中国政府在国外举办非遗展览，展示非遗项目的文化价值和历史积淀。例如，在法国巴黎的"2015年中法非遗年"，中国政府展出了书法、绘画、剪纸、刺绣等非遗项目。中国政府在国外举办非物质文化遗产展览，是为了向世界展示中国的非遗文化，传递中国文化的历史、独特性和价值观念。

其中，在法国巴黎的"2015年中法非遗年"中，中国政府积极参与并组织了一系列非遗文化展览，包括丝绸之路文化计划展览、非遗文化展览等，其中最为重要的是在巴黎饭店举办的"非遗中国"展览。此次展览集中展示了汉字书法、漆艺、剪纸、纺织、雕塑等非遗项目，展示了中国非物质文化遗产丰富的多样性，并向世界展示了中国的传统文化和现代艺术相结合的创新[12]。

此外，中国政府近年来还在一些国际文化机构中举办展览，例如在联合国总部举办"非物质文化遗产的可持续发展"展览，向世界展示了中国政府对非遗文化保护的重视和行动。

中国非物质文化遗产的展览不仅将中国文化推向世界，还让更多的国际观众了解和认识这些珍贵的文化遗产，激发他们在文化差异和交流中的探索和思考，进一步促进了文化的多样性和交流。

3. 发布非遗文化产品

中国政府推出了一些非遗文化产品，包括文化遗产餐饮、非遗定制服装、非遗旅游产品等，推动非遗文化在全球范围内的传播和推广。中国政府推出非物质文化遗产产品是为了更好地传承和保护非遗文化，并推广非遗文化的传统和现代融合，让更多人了解和爱上非遗文化。

其中，文化遗产餐饮是中国政府积极推广的一个领域。以中华美食和传统烹饪工艺为基础，结合非遗文化和传统文化元素，推出了富有地域特色的非遗文化餐饮，如北京烤鸭、川菜、湘菜等，吸引了广泛的国内外顾客。同时，由于饮食文化是世界文明的重要组成部分，在国内外大型展览和游客接待中推广非遗餐饮，为文化交流作出了贡献。

此外，非遗定制服装是非常特殊的一种产品。运用传统的秀美手工技艺，融入时尚元素，尝试打造出具有中国风格和文化价值的服装。这些服装兼融了传统和时尚元素，为时尚圈注入了中国非遗文化的设计思想和表现形式。

非遗旅游产品是以非遗为主题的旅游产品。这些旅游产品不仅能让游客领略和体验非遗文化的魅力，而且还能让游客获取非遗文化的知识和阅历，并深刻了解非遗传承的历史、方法和价值。这些非遗文化产品的推出，有助于推广中国非遗文化的传统和现代融合，让更多人了解和爱上非遗文化，同时促进了旅游业和文化产业的发展。

4. 培训和交流

中国政府为国外专家和学者提供非遗传承和保护方面的培训和交流机会，促进非遗文化在国际上的交流和合作。中国政府为国外专家和学者提供非遗传承和保护方面的培训和交流机会，主要包括以下几个方面：

组织海外专家和学者到中国参加非物质文化遗产保护相关的研讨会、研修班、培训课程等。这些培训和交流机会通常由政府机构、学术机构或非营利组织主办，旨在让海外专家和学者深入了解中国非物质文化遗产保护的政策、法规和实践，并且学习中国传统文化、手工艺和技术。

邀请国外专家和学者来中国进行考察调研，了解中国非物质文化遗产的保护和传承情况。这些考察活动通常由政府或非营利组织举办，旨在让外国专家和学者实地体验中国的非遗文化、参观非遗传承基地和民间工作室、与非遗传承人进行交流等。这些经历不仅有助于他们更深入地了解中国非物质文化遗产的保护现状，也有助于帮助他们了解中国非物质文化遗产的传承和发展路径。

建立专家交流平台，通过国际会议、论坛和展览等活动，让国外专家和学者参与中国非物质文化遗产的保护和传承，分享经验和思想。这些活动通常由政府机构、学术机构、非营利组织等主办，旨在建立一个交流平台，促进国际间的非遗文化交流和合作。

设立奖学金和交流计划，为国外专家和学者提供资助，支持他们到中国进行短期或长期学习、研究、交流等活动，并提供必要的生活和交通费用。这些奖学金和交流计划通常由政府、基金会、学术机构等提供，旨在促进海外专家和学者到中国学习和交流，从而增进中外文化和学术的互动和合作。

总之，中国政府不断加强与国外专家和学者的非遗传承和保护方面的培训和交流，加强了国际间的非遗文化交流与合作，促进了非遗文化在全球范围内的传播和保护。

（六）文化旅游

非遗文化旅游已成为中国旅游重要的一部分，通过文化旅游的方式，提高了对非遗文化的认识和保护。文化旅游已经成为中国旅游的重要组成部分。非遗文化旅游作为文化旅游的一种重要形式，已经得到了广泛的重视和关注。具体表现在以下几个方面：

丰富旅游内容：非遗文化旅游丰富了旅游内容和旅游体验，给游客留下深刻的文化印象。比如，参观手工艺品的生产流程、传统习俗的展示，都可以让游客更加深入地了解中国的非遗文化。

1.促进地域经济

随着经济的发展和城市化进程的加速，许多地方的非物质文化遗产逐渐失去了传承下去的环境，而旅游业的发展则为非遗文化的传承和保护提供了新的机遇。非遗文化旅游能够促进当地地域经济的发展，提高农村居民的收入水平，并且也有助于推动非遗文化的传承和保护。

促进地方旅游经济的发展。伴随旅游业的发展，游客对当地非遗文化的兴趣不断提高，尤其是在城市化进程加速的今天，来自城市的游客对乡村的非遗文化表现出了更为浓厚的兴趣。发展非遗文化旅游，可以将当地的非物质文化遗产变成资源，推动当地创意文化产业的发展。当地的非遗文化旅游资源越来越丰富，为当地的旅游业发展提供了很大的机遇。

提高当地农村居民的收入水平。非遗文化旅游业的发展可以为当地农村居民创造就业机会，提高当地居民的收入水平。特别是乡村旅游区的开发，可以促进当地建筑、制茶、织布、编织、制陶等传统手工艺的复兴，推动当地手工艺产业的发展，从而为当地农民提供更多的就业机会。

推动非遗文化的传承和保护。非遗文化旅游的发展可以增加民众对非遗文化的关注，促进非遗文化的传承和保护。游客通过参观非遗文化传承基地等活动来了解非遗文化的传承和保护，会形成更加积极的文化认知和文化观念，推动非遗文化保护的长效机制的建立。

非遗文化旅游能够促进当地地域经济的发展，提高农村居民的收入水平，并且也有助于推动非遗文化的传承和保护。同时，非遗文化旅游的可持续发展还需要政府加大扶持力度，参与市场主体创新，加强管理和规划的制定，从而实现更为长远的发展目标。

2. 宣传非遗文化

非遗文化旅游是一种以传统文化元素为主要内容，融合旅游业态和体验式旅游形式的活动。在这种活动中，游客可以深度体验非遗文化的生活方式、工艺技艺、文化精神以及文化场景，通过参与、体验、感悟等方式，进一步了解非遗文化的内涵和价值。

宣传非遗文化是非常重要的，因为非遗文化是中华民族的文化瑰宝和精神财富，具有丰富的历史和文化内涵，是我们民族特色和文化自信的体现。非遗文化旅游通过以实际交互为基础的活动方式，为人们提供了了解非遗文化的机会。它不仅有助于推广非遗新技能、传承经验、传统文化和技术，也为当地的旅游业培育了一批集文化、旅游、商贸、时尚于一身的非遗精英，推动了非遗的传承和发展。

具体来说，非遗文化旅游可以带来以下几个方面的好处：

1. 提升人们的文化素质。非遗文化旅游能够将文物史迹、历史人物、传统节日等丰富的传统文化展现给游客，让游客通过观察和学习的方式提升自己的文化素养。

2. 传承非遗文化。非遗文化旅游能够以体现非遗技艺为主，传授非遗文化融入日常生活的方法和技能，从而使非遗技艺得以传承和发展。

3. 弘扬国家文化。非遗文化是中国历史文化的精髓体现，通过非遗文化旅游，能够在全国范围内传播非遗文化，树立国家文化形象。

4. 带动地方经济。非遗文化旅游从地方角度考虑，能为当地经济发展带来增长点，可以带动当地的文化、旅游、商贸和饮食等多个产业的发展。

综上所述，非遗文化旅游是一种能够宣传非遗文化、推广非遗项目的重要途径，可以让更多的人了解、认识并喜欢上非遗文化。随着社会文明的不断进步，非遗文化旅游肩负起了宣传非遗文化、传承非遗技艺的重要责任，为中华民族文化的传承与发展作出了积极贡献。

总之，非遗文化旅游是文化旅游的一种重要形式，可以在促进地域经济的发展、宣传非遗文化、保护非遗文化等方面作出积极的贡献。

三、非遗现有保护措施存在的问题

非遗现有保护措施包括国家、地方、社会团体等多种方式，但在实际实施中存

在以下问题:

(一)重视"认定",缺乏"保护"。

非遗的认定过程相对简单,但保护并不充分。即便被认定的非遗项目,也不能完全避免逐渐消亡的风险。非遗的认定与保护之间存在明显的不对等现象。在非遗的认定方面,官方部门确实采取了一系列激励措施,比如加分计分等方式,促使申报者积极申报非遗项目。但在非遗保护方面,却缺乏具有可操作性的措施和配套政策,导致一些非遗项目只是"挂在墙上",并没有得到实际保护。

此外,即便非遗项目被认定,也不能完全避免逐渐消亡的风险。由于社会快速发展的压力,一些非遗项目的传承人承担着严重的经济和社会资源压力,他们可能会转投其他行业,或是移民城市,从而导致传承中断。而一旦传承中断,非遗项目也将很难得以保护。

因此,我们应该重视非遗项目的保护工作,对非遗项目的保护,需要采取全方位的措施。除了加强政策和法律制度的保障,培养新一代传承人,让非遗项目更好地与当代社会相融合,通过更多的社会资源和经济保障,加强民间组织和社会组织的参与等措施,都是非常关键的。只有通过不断的努力,我们才能够更为有效地保护非遗文化迈向千秋万代。

(二)保护对象过于片面化。

现有的非遗保护主要关注的是技艺的传承,而对非遗文化内涵的传承,如语言、历史、宗教信仰等,却得不到充分的保护。现有的非遗保护确实存在着保护对象过于片面化的问题。传统的非遗保护主要关注的是技艺的传承,而忽略了非遗文化内涵的传承。比如很多非遗项目的技艺传承相对稳定,但相关的历史、语言、信仰等文化内涵的传承却面临巨大的风险。

非遗项目不仅仅是技艺的传承,也是中国文化传承的重要组成部分。保护非遗项目不应该只关注于技艺的传承,而是应该把技艺与非遗项目所蕴含的文化内涵二者相辅相成,进行整体性的保护。

如何促进非遗文化内涵的传承是亟待解决的问题。一方面,需要加大文化遗产的挖掘和整理工作,将非遗项目与其背后的历史、文化等内涵相结合,全面地进行保护和传承;另一方面,可以通过加强相关的教育和培训,推动非遗文化内涵的传承和推广,让更多人了解、喜爱和传承非遗文化的魅力,从而实现非遗文化的长远传承和保护。

（三）缺乏制度保障。

现行的法律、政策等文化体系方面的规章制度还不够完备。也没有建立起完善的信用机制。缺乏制度保障是当前非遗保护面临的重大难题。具体表现在以下几个方面：

第一，法律制度不够完备。虽然我国有很多法律、法规规定，保护非物质文化遗产的内容，但实际应用效果并不尽如人意。其中一个原因是非遗保护法律体系还不够完善，对于非遗保护的部分问题没有明确的解决方案。

第二，缺乏政府保障。在非遗保护方面，政府明确的责任、机制和制度还不够完备。政府在非遗保护方面的经费、人力和物资投入都相对较少，缺乏对非遗保护长期、稳定和全面的关注和支持。

第三，缺乏信用机制。在非遗传承中，需要长期、坚定的信用机制的支持，构建信任、分享、学习的社区文化氛围。但目前还没有建立起完善的信用机制，对于那些违反保护规定的行为也没有明确的惩罚措施。

因此，我们需要加强非遗保护的法律体系建设，建立完善的政策、制度和机制，提高政府对非遗的投入和关注度，建立全社会的信用体系和文化氛围，从而有效推进非遗文化的传承和保护。

（四）缺乏市场化运营。

市场营销能力弱，赞助商和企业的参与意识不强。假冒伪劣等问题也存在。非遗保护还存在缺乏市场化运营的现状，主要表现在以下方面：

第一，市场营销能力弱。非遗传承机构和相关从业人员缺乏专业的市场运营和营销技能，无法有效地推广和宣传非遗文化，使得很多好的非遗项目难以得到更广泛的认知和认可。

第二，赞助商和企业的参与意识不强。目前，赞助商和企业在非遗保护中的参与还不够积极，缺乏对非遗文化传承的责任感和使命感，导致对非遗项目的资金和资源投入不够，也无法形成更为完善的合作机制。

第三，假冒伪劣等问题存在。一些商家为了追求短期经济利益，会使用假冒伪劣的非遗产品等方式，从而对非遗文化造成较大的破坏。

因此，我们需要加强非遗市场化运营，提高非遗传承和发展的可持续性。需要加强非遗传承人和从业人员的市场运营和营销能力培训，推动非遗文化的宣传和推广更加专业化和精细化。还需要积极发掘和开发非遗项目的商业潜力，加强赞助商和企业对非遗保护的参与和支持。同时,需要加强对非遗产品的保护和监管,打击假冒伪劣等行为,保障非遗文化的权益和合法性。

(五)传承人群流失严重。

非遗技艺的传承主要依靠口传、师徒制和家族传承。但受教育程度提高和城市化等影响,传承人群流失严重,很多传统技艺已无人继承而逐渐消失。

非遗作为文化遗产,需要我们在保护的过程中,不断加强对非物质传承、集体记忆、历史文化等方面的重视,采取更加具有科学性和针对性的措施,确保其得到全面有效的保护和传承。

第二节 非物质文化遗产分类

非物质文化遗产是指由人类历史活动创造的、传承至今的、具有文化意义的、有形或无形的文化遗产。它涵盖了人类生活的各个领域,包括传统手工技艺、民族音乐和舞蹈、宗教信仰、传统社会习俗、传统医药、传统美食等。

非物质文化遗产可以分为六大类:

传统手工技艺:这类文化遗产包括木刻、织锦、编织、雕塑、烙铁烫等传统技艺,它们代表着某一时期的文化特色,反映着人们的生活习惯和思想观念。

传统手工技艺是某一时期人类为了满足生活需要而掌握的技术与技能,它们是人类智慧的结晶,塑造了历史文化的各个方面,是文化遗产的重要组成部分。传统手工技艺的传承与保护意义深远,它可以通过独特的手工艺、工艺品和手工制品、文物、建筑等形式传达出历史的文化内涵,表现出一个文明的发展过程。

木刻是一种古老的木材雕刻技艺,它包括了国画印章、表演道具、雕刻工艺品等项目。通过木刻,人们可以塑造出神态各异的角色,构建出各式各样的场景,还可以挖空雕刻出来别出心裁的做法。织锦是一种应用于家居装饰、礼品等领域的手工艺术,是人类最早掌握的织布技术之一。它以丝绸、棉织物、麻织物为主要材料,用细腻的裁剪技术,利用缤纷的色彩和各种图案来表现出独特的视觉效果。

编织是一种广泛应用于生活和工艺的手工艺术,它包括了各种编织物,如竹编、草编、木编等。编织技艺已经伴随着人类的生存发展数千年历程,是人类最早掌握的一门手工技术,它表现出了人类生活的方方面面。雕塑是一种将物质转化为精神的高度艺术形式,它通过把精神形态转化为物质形态,创造出形体、空间和形象的视觉感受。

烙铁烫是一种传统的染色工艺，它将不同颜色的烙铁蘸上热铁水掉到绸缎、绸丝等织物上，形成了独特的印花效果。这种技艺在它的传承和创新中不断发展，成为一种特定的手工艺术表现形式。这些传统的手工技艺代表了历史文化的某一时期的特点，同时也反映了当时社会的生产、经济、政治和文化水平，这是一种宝贵的文化遗产。

民族音乐和舞蹈。民族音乐和舞蹈是一种各民族文化艺术的表现形式，它们承载了每个民族的历史、生活和情感。民族音乐和舞蹈丰富多彩，形式各异，有些是激情澎湃的舞蹈，有些是柔美动人的旋律。每个族群都有自己独特的音乐和舞蹈，反映了他们的文化、传统和信仰。在全球范围内，民族音乐和舞蹈已成为文化交流和人际沟通的一种形式，展现出了各民族的独特魅力和文化与历史意义。这类文化遗产包括各种民族歌曲、舞蹈、抒情诗歌等，它们反映了不同民族的文化特色，反映了民族的历史发展。

宗教信仰。宗教信仰是人类文化的重要组成部分，它反映了人们对自然的崇拜、对社会的认知和对宇宙的理解。宗教信仰是指人类在探索自身存在和宇宙秩序时所形成的一种信仰系统。它包括一系列信仰、习俗、仪式和道德规范，是人们对神明、超自然力量以及生命、死亡等重大问题所形成的一种信仰。

宗教信仰在人类文化中发挥着重要作用。首先，它是人类的精神依托和慰藉。人们在面对自然灾害、疾病和死亡等问题时，往往会依靠宗教信仰寻求支持和安慰。其次，宗教信仰也是社会和文化秩序的维护者。许多宗教信仰都规定了人们的道德行为准则和社会规范，帮助人们建立起了一套基于信仰的社会伦理体系。

此外，宗教信仰还对人类文化的发展和演变产生了重要影响。许多宗教信仰都鼓励人们去探究宇宙和人类的本质，这也促进了人文科学和哲学的发展。同时，在宗教文化传承中，涌现出了许多优秀的艺术作品，如绘画、音乐、建筑和文学等。

宗教信仰是人类文化的重要组成部分，反映了人们对自然、社会和宇宙的认知和理解，对人类文化的发展和演变产生着深刻的影响。

传统社会习俗。这类文化遗产包括婚俗、婚礼、节日庆典等，它们反映了不同民族的文化特色，反映了民族的历史发展。传统社会习俗是一种文化传承方式，它是人们在特定历史时期形成的一系列行为、礼节和规矩，代表了特定民族文化的精髓，是民族文化长期传承和发展的结果。

婚俗、婚礼、节日庆典等传统社会习俗是文化遗产的重要组成部分。每个民族都有自己独特的婚俗、婚礼和节日庆典，这些习俗传承了民族历史，反映了民族的文化特色和民族信仰的价值观念。

以婚俗为例，不同民族有着不同的婚俗习惯。比如，中国的婚俗传统认为结婚是人生大事，要寻找到合适的贤妻良母，而且要进行一系列礼节性的仪式。而非洲的某些部落则采用"附婚"制度，即由男方附嫁到女方家庭，成为女方的长期男性劳力。

节日庆典也是传统社会习俗中的重要组成部分。例如，中国的春节是传统的农历新年，是中国最重要的节日之一，反映了中国人民对春天、对繁荣富强的期盼。而印度的排灯节则以点燃彩灯和舞蹈为主要庆祝活动，反映了印度人民传统的宗教和文化信仰。

传统社会习俗的保护和传承，不仅有助于保护和弘扬民族文化遗产，还可以增进不同民族之间的相互理解和交流，促进文化多样性的发展。

传统医药。这类文化遗产包括中医、藏医、蒙医等，它们是人类自古以来长期积累的医学知识和智慧，反映了人类对自然界的认识和对生命的智慧。传统医药是传统文化的重要组成部分，是人们对自然界的认知和对生命的理解。传统医药主要包括中医、藏医、蒙医等，它们各自有着独特的理论体系、诊断方法和治疗技术，为人类健康和医疗保健提供了重要帮助。

以中医为例，中医理论是在长期的实践基础上逐步形成的，它强调人与自然的协调和平衡，将人体看作一个整体，讲究疾病的"因、病、机、体"四个方面，采用针灸、中药、推拿、气功等疗法进行治疗。中医在防治疾病、促进健康和延年益寿方面发挥了重要作用，深受许多国家和地区的人民信赖和使用。

传统医药的保护和传承是非常重要的，它对于保护和传承传统文化和民族文化，促进人类健康和医疗保健，也有着十分重要的作用。一方面，保护和传承传统医药的知识和技术可以帮助人们更好地认识和利用自然界的资源，更加有效地治疗疾病，同时也有利于传承和弘扬传统文化。另一方面，传统医药的保护和传承可以促进互相交流和学习，不同民族之间的相互了解和文化交流也会得到促进和发展。

传统美食。这类文化遗产包括各种食物的制作技艺，它们反映了不同民族的文化特色，反映了民族的历史发展。传统美食是传统文化的重要组成部分，它包括各种食物的制作技艺、烹饪方法、餐桌礼仪等，反映了不同民族和地域的文化特色和历史传统。传统美食是民族文化的重要表现形式，也是人们生活中不可或缺的一部分。

传统美食的历史可以追溯到远古时代，它是人类长期生活在自然环境中所形成的一种文化现象，同时也受到了历史上不同文明与文化的影响和传承。比如中国的传统美食有四大菜系、八大菜系、苏皖菜、粤菜等，每一种菜系都有着独特的烹饪技艺和餐桌文化。而在日本、韩国等东亚国家，也都有着自己独特的传统美食，如寿司、烤肉、泡菜等，这些美食不仅为当地民众带来了美食文化的魅力，也成为吸引外国游客的重要景点。

保护和传承传统美食也非常重要。一方面，传统美食的保护可以帮助人们更好地了解和认识各地的文化传统，促进文化交流和互相学习。另一方面，传统美食的传承可以让后代继承和发扬文化传统，促进文化的繁荣与发展。同时，将传统美食与现代化相结合，推广和开发一些经过改良的传统美食，也可以满足人们日益增长的美食需求。因此，为了保护和传承传统美食，我们需要加大对传统美食的研究和挖掘力度，同时也要进行传统美食的推广与传承工作，让传统美食更好地融入人们的日常生活中。

非物质文化遗产是人类文化的重要组成部分，它们反映了不同民族的文化特色，反映了民族的历史发展，是人类智慧的结晶。保护非物质文化遗产，不仅是保护历史文化，更是保护人类文明的一种行为。

第三节 非物质文化遗产保护的意义

非物质文化遗产是指一个民族或社会在历史演变过程中形成的有关语言、宗教、风俗习惯、民间艺术、技艺等文化表现形式的遗产。它是一个民族文化发展的重要组成部分，直接反映了一个民族的历史、文化、社会发展状况，是一个民族文化最宝贵的财富。

保护非物质文化遗产具有重要的意义。首先，它可以保护和传承民族文化，使后代子孙能够了解和继承祖先的文化，保护民族文化的多样性和完整性，使后代子孙能够更好地接受和发扬祖先的文化，使民族文化得以永续发展。

其次，保护非物质文化遗产能够促进民族间的文化交流，增进民族之间的相互了解和友谊，增强民族的凝聚力，增进民族的团结，保护民族文化的多样性，促进世界文化的多样性，实现文化的和谐发展。

再次，保护非物质文化遗产还有助于提高民族的素质，激发民族的自信心，增强民族的自豪感，提高民族文化的认同感，从而为民族文化的发展提供更多的动力，使民族文化得以发展和创新。

最后，保护非物质文化遗产也有助于促进社会发展，使社会经济更加可持续发展，使社会更加和谐，使社会更加稳定。

总之，保护非物质文化遗产具有重要的意义，是一项重要的社会责任，也是一项重要的历史责任。因此，各国政府应该加强对非物质文化遗产的保护，采取有效的措施，加强文化保护工作，保护非物质文化遗产，保护民族文化，推动社会发展，实现文化的和谐发展。

第四节　非物质文化遗产发展的困境

非物质文化遗产是指一种被传承的文化表现形式，包括口头传统、表演艺术、宗教信仰、礼仪习俗、技艺、社会习俗等，它们是每个民族文化传承的重要组成部分。非物质文化遗产的发展面临着多重困境，主要表现在法律保护、传承发展、社会认同、资源配置等方面。

首先，法律保护方面，非物质文化遗产的保护仍然落后于物质文化遗产，国家和地方政府对非物质文化遗产的保护措施不够全面，缺乏有效的法律制度和法规的支持，导致非物质文化遗产的保护缺乏有效性。

其次，非物质文化遗产的传承发展面临着重大挑战。由于社会的快速变化，许多传统的文化表达形式正在逐渐消失，而且许多文化传承者也正在减少，这对非物质文化遗产的传承发展构成了巨大压力。

再次，社会认同方面，由于非物质文化遗产的特殊性，在当代社会中很难得到足够的认同和重视，这给它们的发展带来了很大的障碍。

最后，资源配置方面，由于非物质文化遗产的费用较高，政府和社会对其保护和发展的投入有限，导致非物质文化遗产的发展受到了限制。

综上所述，非物质文化遗产发展面临着多重困境，包括法律保护不足、传承发展压力大、社会认同不足、资源配置不足等，这些困境阻碍了非物质文化遗产的发展，严重影响了文化传承的完整性。因此，我们应该加强对非物质文化遗产的保护，营造良好的发展环境，以促进非物质文化遗产的发展。

一、解决非物质文化遗产传承的问题

非物质文化遗产的传承是一个民族文化的重要组成部分，也是文化发展的重要基础。传承的目的是保护和发展非物质文化遗产，维护民族文化的独特性。

首先，要建立一个完善的传承体系。国家应该加强对非物质文化遗产的保护，积极推行国家文化产业发展战略，加强对非物质文化遗产的保护和传承，使之成为国家文化产业的重要组成部分。

其次，要加强宣传和教育。国家应该大力宣传非物质文化遗产，使更多的人了解和认识非物质文化遗产的价值，加强对非物质文化遗产的教育，让更多的学生了解和学习非物质文化遗产。

再次，要加强技术支持。国家应该大力发展非物质文化遗产的技术，改进传统技艺，使其能够适应当今时代的发展，提高非物质文化遗产的价值，以及其在社会中的重要地位。

最后，要加强社会参与。国家应该鼓励社会各界的参与，建立一个有效的传承机制，鼓励社会各界参与到非物质文化遗产的传承中来，使之成为一个真正的社会公共事业。

总之，非物质文化遗产的传承是一个民族文化的重要组成部分，是文化发展的重要基础，国家应该加强对非物质文化遗产的保护和传承，推行国家文化产业发展战略，大力宣传非物质文化遗产，加强对非物质文化遗产的教育，发展非物质文化遗产的技术，鼓励社会各界参与到非物质文化遗产的传承中来，使之成为一个真正的社会公共事业，才能保护和发展非物质文化遗产，维护民族文化的独特性。

二、非物质文化遗产保护存在的问题

随着社会的发展，非物质文化遗产也面临着严重的威胁，其中存在的问题有：

一是传承不足。由于非物质文化遗产大多是口头传播，很难将其传承下去，经常会因为时间的流逝而消失。由于这些文化遗产大多是口传心授的方式，一些传统技艺和文化往往因时间的流逝而逐渐消失。其中的原因很多，比如技艺传承的不足、环境变化的影响等。

首先，技艺传承的不足是非物质文化遗产保护和传承中的一个关键因素。这些技艺通常没有文字记录，需要口传心授，但是随着时间的流逝，传承的人数和传承的过程变得越来越困难，技艺或文化知识可能不再被传承下去。

其次，由于涉及宗教信仰和民族文化等方面，非物质文化遗产传承也经常会面临着政治和宗教的限制。政治变化或宗教统治的变迁都会对非物质文化遗产的传承与发展产生重要影响。例如，比较受争议的例子是藏传佛教，在一些地区，由于地方政治领导的干预，金刚杵舞、莲花落等藏传佛教道场的宗教仪式与文化传承无法像以往那样被有效保障。

研究和教育的加强、技艺的记录和传承、社会和政治环境的改变，都可以改善非物质文化遗产保护和传承的状况。与记录音频和视频不同，将非物质文化遗产虚拟可视化保护起来，是一种新的文化保存方式。通过虚拟现实技术，可以将受限的非物质文化遗产保存下来，帮助人们更好地了解和传承文化传统，促进文化交流和互相学习。同时，也可以更好地将非物质文化遗产融入教育中，加大受众群体的推广力度，让传统文化发扬光大。

二是缺乏科学研究。由于非物质文化遗产的特殊性，缺乏科学研究和实践，很难确定非物质文化遗产的保护措施，也很难有效地保护非物质文化遗产。由于非物质文化遗产的特殊性，通常缺乏科学研究和实践，这就使得确定保护措施和确保非物质文化遗产有效保护变得比较困难。一方面，传承的非物质文化遗产往往流传于民间，一些手艺人无法写出完善的文档介绍，难以为其他人提供清晰明显且有用的描述，这使得科学界对这些文化遗产缺少全面的了解。另一方面，非物质文化遗产的特性使得科学研究困难重重，例如，非物质文化遗产不仅涉及物质方面的技能，还包括感性和凝练的文化认知和表达，容易受到批判性和理性思维等方面的影响。

这些因素，都导致非物质文化遗产保护和传承过程中缺乏科学研究和实践，凸显了非物质文化遗产保护的重要性。开展科学研究、通过科学研究更深入地了解非物质文化遗产的特点、价值、传承方式和保护措施，具有重要的指导意义。该研究还可以促进非物质文化遗产在全球范围内的交流和传播，从而促进文化多样性与交流。同时，合理利用现代科学技术如虚拟现实等，将非物质文化遗产可视化、数字化，可有助于非物质文化遗产的保护和传承，并增强各方对于保护和传承的意识和情感认知。因此，加强科学研究，规范收集、整理和保护非物质文化遗产的方法，建立科学的保护模式，都是必要的。

三是保护措施不足。由于非物质文化遗产的特殊性，很难通过普通的保护措施来保护，比如法律法规、政策文件等。此外，非物质文化遗产的保护也需要大量的资金投入，但是国家和地方政府的资金投入往往不够。非物质文化遗产的特殊性使其需要专门的保护措施。然而，传承和保护非物质文化遗产所需的措施和手段往往不同于常规文化保护。法律法规、政策文件等常规文化保护措施难以完全适用于非物质文化遗产保护，因此需要采取更为有效且针对性强的措施。

比如，非物质文化遗产保护需要大量资金的投入，以便对其进行保存、展示和传承。对于一些非物质文化遗产项目，技艺传承人的培训和继承、场地建设和管理、传统文物修复等方方面面都需要资金支持。但是，在现实中，非物质文化遗产保护与足够的资金投入之间存在着较大的鸿沟。国家和地方政府在预算中分配给非物质文化遗产保护和传承的资金较少，无法满足这项工作的基本需求。为了缓解这种局面，政府有必要考虑制定有针对性的资助政策，向非物质文化遗产保护和传承的机构或组织提供强有力的资金支持，帮助他们更好地开展工作。同时，也可以通过普及文化保护意识，争取社会各界的支持和捐赠，从而保障非物质文化遗产的存续。

非物质文化遗产保护和传承需要制定全方位、多角度、针对性强的措施。政策支持、资金投入、文化促进等方面，都需要加大力度，以更好地保护和发展非物质文化遗产。

四是传统文化受到现代文化影响。随着社会的发展，传统文化正受到现代文化的冲击，许多传统文化正在消失，这也对非物质文化遗产的保护构成了威胁。随着社会的发展和现代化的步伐不断加速，现代文明对传统文化产生了深刻的影响，这对传统文化的保护和传承构成了巨大威胁。随着新技术、新媒体的飞速发展，尤其是互联网的普及，现代人们的生活方式已经发生了很大的变化，他们从传统文化中得到的信息和感受也越来越少，这使得传统文化的消失日益加速。另外，现代社会的快节奏、高压力和繁复的人际关系，也使得人们不再像过去那样更加重视传统文化的传承。

除此之外，现代文化的价值观、生活方式和审美趋向也会对传统文化产生影响，导致人们对传统文化的认识和理解产生了偏差，使得一些传统文化面临失传的风险。

对于这种情况，非物质文化遗产保护需要与时俱进，适应现代社会的发展趋势。应该采取积极的措施，引导人们在现代化生活的同时，更好地理解、传承和弘扬传统文化，让它们更符合现代社会的需要。例如，应该利用先进的技术手段和现代化的展示手段，把传统文化以更加生动、趣味和现代化的形式呈现出来。同时，也应该加强传统文化教育，让更多的人感受传统文化的魅力和价值，让传统文化更好地融入现代社会。只有这样，才能真正实现非物质文化遗产的保护和传承。

非物质文化遗产的保护存在着很多问题，如传承不足、缺乏科学研究、保护措施不足、传统文化受到现代文化的冲击等。要有效地保护非物质文化遗产，就必须采取有效的措施，加强研究，完善保护措施，加强教育宣传，维护传统文化，从而使非物质文化遗产得到有效的保护。

三、非物质文化遗产推广的问题

非物质文化遗产是一种重要的文化资源，也是人类社会发展的历史财富。然而，由于现代社会的发展，非物质文化遗产的推广存在着一些问题。

首先，由于非物质文化遗产的传承者年龄较大，他们的技能和知识难以传承给后代，很多传统技艺和技能很难在现代社会得到传承，这导致非物质文化遗产的推广受到限制。

其次，非物质文化遗产的推广受到社会经济发展的影响。由于经济发展，大量的传统文化技艺和技能正在被现代技术取代，这也限制了非物质文化遗产的推广。

再次，缺乏资金投入也是非物质文化遗产推广存在的问题。由于缺乏资金投入，很多非物质文化遗产的保护和推广工作得不到有效的支持，导致很多传统文化技艺和技能无法得到有效的保护和传承。

最后，缺乏有效的政策措施也是非物质文化遗产推广存在的问题。由于缺乏有效的政策措施，很多传统文化技艺和技能得不到有效的保护，从而影响非物质文化遗产的推广。

总之，非物质文化遗产推广存在着一些问题，如传承者年龄大、社会经济发展的影响、缺乏资金投入以及缺乏有效的政策措施等，这些问题都限制了非物质文化遗产的推广。因此，政府应该采取有效的政策措施，加大资金投入，加强对非物质文化遗产的保护和推广，以保护和传承我们的文化财富。

四、非物质文化遗产虚拟可视化应用存在的问题

由于非物质文化遗产的多样性，它的教学应用也存在一定的问题。

首先，非物质文化遗产的教学应用存在传承问题。非物质文化遗产的传承一般都是通过口传的方式，而口传的方式很容易出现错误和曲解，而且没有文字和影像

记录，这就导致非物质文化遗产的传承存在不确定性。

其次，非物质文化遗产的教学应用存在传播问题。非物质文化遗产的传播一般都是通过口头传播的方式，而口头传播的方式有一定的局限性，它很难跨越地域和时代的差异，从而导致非物质文化遗产的传播受到限制。

最后，非物质文化遗产的教学应用还存在评价问题。由于非物质文化遗产的特殊性，它的评价需要综合考虑传承者、保护者、使用者和消费者的利益，这就需要建立一套完善的评价体系，以保护非物质文化遗产的传承、维护和使用。

总之，非物质文化遗产的教学应用存在传承、传播、维护和评价等问题，为了更好地发挥非物质文化遗产的教育功能，应该加强对非物质文化遗产的保护，制定完善的法律法规，建立完善的评价体系，并加强对传承者、保护者、使用者和消费者的教育，从而为非物质文化遗产的发展和传承做出贡献。

第五节　非物质文化遗产保护应对策略

非物质文化遗产是人类社会精神文化遗产的一种形式，它表现在各种非物质的形式中，如语言、歌曲、舞蹈、宗教、传统手工艺等，是人类社会发展的重要组成部分。由于这些遗产的特殊性，它们面临着严重的危机，如现代化和全球化的影响、文化淘汰和文化流失等，而这些现象都会对非物质文化遗产的保护造成极大的威胁。

为了有效地保护非物质文化遗产，应采取一系列的应对策略。首先，应加强对非物质文化遗产的认识，让更多的人了解非物质文化遗产的价值，以便增强其保护意识。其次，应加强对传统文化的研究，发掘和研究传统文化的历史起源、发展脉络、文化特征、文化传承等，以便更好地了解非物质文化遗产的内涵。

此外，应加强非物质文化遗产的保护制度建设，制定有效的法律法规和政策，加强对非物质文化遗产的保护，并将其列入国家保护范围，以便有效地保护非物质文化遗产。此外，应建立一套完善的管理制度，对非物质文化遗产进行系统的监管，以确保其得到有效的保护。

另外，应加强非物质文化遗产的传承和利用，让更多的人了解非物质文化遗产，并将其传承下去。为此，应加强对传统文化的教育，让更多的学生接受传统文化的教育，让他们了解传统文化的价值，并将其传承下去。此外，应加强对非物质文化遗产的利用，开展一些文化活动，如音乐会、舞蹈演出等，让更多的人参与其中，以便更好地传承和利用非物质文化遗产。

最后，应加强国际交流与合作，建立一个有效的国际合作机制，建立一个全球性的非物质文化遗产保护网络，以便在全球范围内共同保护非物质文化遗产。

总之，非物质文化遗产保护需要采取一系列有效的应对策略，以便有效地保护非物质文化遗产，保护人类社会的精神文化遗产，保护人类多样文化的多样性。

第三章 虚拟可视化

虚拟可视化是一种新兴的计算机技术，它使用计算机图形技术来模拟真实世界的场景和环境，以实现更高级的可视化效果。虚拟可视化技术可以将虚拟空间和真实空间相结合，使用户能够通过虚拟环境更好地理解和控制真实世界的场景。

虚拟可视化技术的主要功能包括：一是让用户能够通过虚拟环境更好地理解和控制真实世界的场景；二是为用户提供一个可以看到真实世界的场景的虚拟空间，使用户可以更好地理解和控制真实世界的场景；三是通过虚拟环境模拟真实世界的场景，使用户能够更好地理解和控制真实世界的场景。

虚拟可视化技术的应用非常广泛，可以应用于许多不同的领域，包括建筑设计、机器人技术、游戏开发、汽车行业、航空航天、医疗保健、科学研究、教育和娱乐等。虚拟可视化技术的应用不仅可以帮助用户更好地理解和控制真实世界的场景，还可以提高效率，降低成本，提高生产率和改善安全性。

虚拟可视化技术发展迅速，技术也在不断改进和发展，目前已经发展出了一系列的虚拟可视化技术，包括虚拟现实、增强现实、3D可视化、混合现实等。这些技术可以更好地帮助用户理解和控制真实世界的场景，实现更高级的可视化效果。

未来，虚拟可视化技术将继续发展和改进，技术也将越来越完善，将会有更多的应用领域可以使用虚拟可视化技术，以实现更好的可视化效果。虚拟可视化技术也将会更加普及，让更多的人能够使用虚拟可视化技术，以实现更好的可视化效果。

总之，虚拟可视化技术是一种新兴的计算机技术，它可以帮助用户更好地理解和控制真实世界的场景，并实现更高级的可视化效果。虚拟可视化技术的应用非常广泛，将会有更多的应用领域可以使用虚拟可视化技术，以实现更好的可视化效果。

第一节　虚拟可视化发展历程及应用领域

一、虚拟可视化发展历程

虚拟可视化技术的发展，为人们提供了许多新的可能性，让人们可以更好地理解和控制虚拟环境。它的发展历程可以追溯到 20 世纪 60 年代，当时美国国防部开始研究虚拟环境技术，以改善空军飞行员的训练。在此之后，许多技术都被开发出来，比如虚拟现实、三维视觉、虚拟环境、多媒体计算机图形等。

虚拟现实技术是虚拟可视化技术的基础，它使用三维图形、声音和其他技术，使用者可以感觉到虚拟环境的真实感，这使得用户可以更好地了解和控制虚拟环境。1990 年，虚拟现实技术开始被大规模应用，它被广泛用于娱乐、教育、医疗、建筑、工程、航空、军事等领域。

随着虚拟可视化技术的发展，许多新技术也开始出现，比如三维视觉技术，它使用成像和计算机视觉技术，可以让用户在虚拟环境中获得更多的视觉信息。此外，还有虚拟环境技术，它可以模拟真实的环境，使用户可以感受到虚拟环境的真实感。

另外，多媒体计算机图形技术也是虚拟可视化技术的一部分，它可以使用户更好地控制虚拟环境，而且可以模拟真实世界的环境。

随着虚拟可视化技术的发展，许多新应用也开始出现，比如虚拟现实游戏、虚拟建筑、虚拟医疗、虚拟工厂、虚拟航空等。这些新的应用使用户可以更好地理解和控制虚拟环境，使得虚拟可视化技术变得更加实用。

自 20 世纪以来，虚拟可视化技术一直在发展，它已经成为一种重要的技术，可以更好地理解和控制虚拟环境。虚拟可视化技术的发展使得许多新的应用可以被开发出来，使用户可以更好地了解和控制虚拟环境。未来，虚拟可视化技术将继续发展，为人们提供更多的可能性。

虚拟可视化是计算机技术与科学的交叉领域，它可以将现实中的物体、场景和交互数据虚拟化成为具有视觉体验的数字化对象。它的发展历程可以概括为以下几个阶段：

前期研究阶段：20 世纪 60 年代初，人们开始研究如何通过计算机生成视觉图像以模拟三维场景。此时的虚拟可视化技术还很初步，只能模拟简单的模型。

图形系统阶段：20 世纪 70 年代，计算机图形学得到了迅速发展，人们开发了图形系统和图形编辑器等软件和硬件工具，使得计算机生成的模型和场景更加逼真和可交互。

虚拟现实阶段。20 世纪 80 年代初，虚拟现实成为虚拟可视化的下一个阶段，人们可以通过头戴式显示器和动态手套等设备进入到虚拟场景中，并进行交互和操作。

互联网阶段。20 世纪 90 年代，随着互联网的快速普及和技术的发展，人们开始将虚拟可视化技术应用到互联网领域中，开发出许多基于 Web 的虚拟应用。

移动应用阶段。21 世纪初，随着移动设备与互联网的融合，虚拟可视化技术逐渐应用到了移动设备和移动应用中，使得人们可以随时随地进入到虚拟的三维场景中。

总之，虚拟可视化技术的发展从早期的基础研究到现在的广泛应用，它的历程经历了从简单到复杂，从单一到多元，从专业到普及的变化，对技术和人类生活的影响也越来越大。

二、虚拟可视化应用领域

虚拟可视化技术是一种新兴的计算机视觉技术，它可以让用户在虚拟环境中探索和体验数据。它可以帮助用户更好地理解复杂的数据，并且可以提供更深入的见解。虚拟可视化技术已经成为许多领域的核心技术，主要应用领域包括建筑、景观、城市规划、军事、科学、工程、教育等。

虚拟可视化技术可以帮助用户更好地理解复杂的数据，并且可以提供更深入的见解。它可以帮助用户在虚拟环境中探索和体验数据，从而更好地理解复杂的数据，并且可以提供更深入的见解。

建筑领域的应用。虚拟可视化技术可以帮助建筑师和设计师更好地理解建筑物的空间结构和外观，从而更好地设计出满足客户需求的建筑物。此外，虚拟可视化技术还可以帮助建筑师和设计师更好地了解建筑物的结构，从而更好地设计出建筑物的外观。

景观设计领域的应用。虚拟可视化技术可以帮助景观设计师更好地理解景观的空间结构和外观，从而更好地设计出满足客户需求的景观。此外，虚拟可视化技术还可以帮助景观设计师更好地了解景观的结构，从而更好地设计出景观的外观。

城市规划领域的应用。虚拟可视化技术可以帮助城市规划师更好地理解城市的空间结构和外观，从而更好地设计出满足客户需求的城市规划。此外，虚拟可视化技术还可以帮助城市规划师更好地了解城市的结构，从而更好地设计出城市的外观。

军事领域的应用。虚拟可视化技术可以帮助军事研究人员更好地理解军事地形和外观，从而更好地设计出满足客户需求的军事设施。此外，虚拟可视化技术还可以帮助军事研究人员更好地了解军事地形的结构，从而更好地设计出军事设施的外观。

科学领域的应用。虚拟可视化技术可以帮助科学家更好地理解科学实验的结果，从而更好地设计出满足客户需求的科学实验。此外，虚拟可视化技术还可以帮助科学家更好地了解科学实验的结果，从而更好地设计出科学实验的外观。

工程领域的应用。虚拟可视化技术可以帮助工程师更好地理解工程设计的结构和外观，从而更好地设计出满足客户需求的工程设计。此外，虚拟可视化技术还可以帮助工程师更好地了解工程设计的结构，从而更好地设计出工程设计的外观。

虚拟可视化在教育领域中的应用

传统的非物质文化遗产传承教育方式主要通过印在书本上的图文与课堂上多媒体展示来获得非物质文化遗产知识，这样的非物质文化遗产学习一会儿就渐显疲惫，学习效果较差。然而，玩过"英雄联盟"都会知道此游戏为什么如此吸引人，本质就是回到场景参与其过程，让学生学习重新回到场景参与互动。其交互性、沉浸感、想象力三大特性可以能将三维空间的事物清楚地表达出来，能使学习者直接自然地与虚拟环境中的各种对象进行交互作用，并通过多种形式参与到事件的发展变化过程中去。从而获得最大的控制和操作整个环境的自由度，这种呈现多维信息的虚拟学习和培训环境，将为学习者掌握一门新知识、新技能提供最直接、最有效的方式。在很多教育与培训领域诸如虚拟实验室、立体观念、生态教学、特殊教育、仿真实验、非物质文化遗产保护传承等专业领域应用中具有明显优势和特征。

例如学生学习某种非遗传统手工艺，如彩陶制作工艺流程、古建筑榫卯结构原理时，传统教学方法都是利用图示或者放录像的方式向学生展示，但是这种方法难以使学生对这种制作流程的运用过程、状态及内部原理有一个明确的了解，而虚拟可视化技术就可以充分显示其优势。它不仅可以直观地向学生展示非遗古建筑复杂的榫卯结构、安装原理以及各个零部件的形状，而且还可以模仿出各个零部件的安装动画及支撑原理，向学习者提供对虚拟事物进行全面考察、操作及模拟制作流程等训练机会，从而使得教学和实验效果事半功倍。

虚拟可视化技术可以帮助学生更好地理解和掌握知识，提高学习效果。它可以让学生以一种更直观的方式接触和理解复杂的知识，让他们更容易理解和记住，从而更好地掌握知识。

虚拟实验。利用虚拟可视化技术，学生可以在虚拟实验室中进行实验，以获得更多的实验结果。

模拟学习。学生可以通过虚拟可视化技术，在虚拟环境中模拟学习，从而更好地理解一些概念和技能。

虚拟教室。利用虚拟可视化技术，教师可以在虚拟教室中进行教学，学生可以在虚拟环境中学习，从而提高学习效率。

虚拟旅游。学生可以利用虚拟可视化技术，在虚拟环境中模拟旅行，从而更好地理解一些地理概念。

虚拟可视化技术在教育领域有着广泛的应用，可以极大地提高学习效果。可以帮助学生更好地理解和掌握知识，更好地探索现实世界的知识，更好地参与课堂活动，激发学生的学习兴趣，从而提高学习效果。

第二节　虚拟可视化的特征及实现基础三维动画技术

一、虚拟可视化的特征

（一）实时互动性

虚拟可视化是一种有效的实时互动性技术，它可以将虚拟环境与真实环境结合起来，从而提高实时互动性。它可以模拟真实世界的物理环境，给用户带来身临其境的体验。虚拟可视化技术的核心特征是它的实时互动性，它可以实时处理用户的输入，并将其映射到虚拟世界中。

虚拟可视化是一种新兴的技术，可以将虚拟现实与实时交互性相结合，以提供更加有趣、高效和高品质的体验。它利用了计算机图形学技术，可以将虚拟环境中的模型、物体、场景和动画等元素进行可视化，以及利用多媒体技术和物理学模拟技术，将虚拟环境中的物体、场景和动画等元素进行实时交互。

实时互动性是虚拟可视化的一个重要特征，它可以让用户在虚拟环境中进行实时交互，从而提高用户体验。例如，用户可以使用虚拟环境中的控制器，操纵虚拟环境中的物体、场景和动画，从而获得更加真实的体验。此外，实时交互性还可以帮助用户更好地理解虚拟环境，从而更好地探索虚拟环境中的信息。

虚拟可视化的实时交互性还可以帮助用户更好地利用虚拟环境中的资源，从而更好地实现自己的目标。例如，用户可以使用虚拟环境中的控制器，操纵虚拟环境中的物体、场景和动画，从而实现自己的目标。

虚拟可视化的实时交互性可以提供更多的功能，帮助用户更好地理解虚拟环境，利用虚拟环境中的资源实现自己的目标。因此，虚拟可视化的实时交互性是一种非常有用的技术，可以帮助用户更好地利用虚拟环境，从而获得更加有趣、高效和高品质的体验。

虚拟可视化技术的实时互动性特征使它能够更好地满足用户的需求，并让用户更好地参与虚拟环境中的活动。它可以帮助用户理解复杂的概念，并且可以帮助用户更好地控制虚拟环境。此外，它还可以帮助用户更好地分析数据，从而更好地控制虚拟环境。

总之，虚拟可视化技术的实时互动性特征可以帮助用户更好地理解复杂的概念，并且可以帮助用户更好地探索虚拟世界。它可以帮助用户有效地处理复杂的计算任务，并且可以让用户更好地参与虚拟环境中的活动。它也可以帮助用户更好地分析数据，从而更好地控制虚拟环境。因此，虚拟可视化技术的实时互动性特征可以为用户提供更好的体验和更多的可能性。

（二）真实感

虚拟可视化技术正在改变我们的世界，它为我们提供了一种新的方式来看待我们的环境。虚拟可视化技术使我们能够以一种更加真实的方式来看待世界，而不仅仅是从二维图像中看到的一个静态画面。虚拟可视化技术可以让我们看到更多的信息，更深入地了解我们的环境。

虚拟可视化技术的应用非常广泛，它可以用于地理信息系统、建筑物设计、零售空间设计、城市规划、景观设计等。通过虚拟可视化技术，我们可以更深入地了解地理空间，更好地设计建筑物和城市，更好地布局零售空间，更好地设计景观。它还可以用于模拟自然灾害，比如洪水、地震和飓风，以便我们更好地预测和应对自然灾害。

虚拟可视化技术的另一个重要应用是在教育领域。它可以让学生更好地理解世界，更深入地了解历史、地理和文化。学生可以通过虚拟可视化技术来探索历史事件，比如古代城市的建筑物和文化，以及古代战争的历史背景。学生可以通过虚拟可视化技术探索地理空间，如河流、湖泊、山脉和森林，以及地理上的联系。学生也可以通过虚拟可视化技术来探索文化，比如传统的节日和宗教，以及不同文化之间的差异。

虚拟可视化技术也可以用于娱乐，比如设计游戏和动画。它可以让我们更好地探索虚拟世界，更深入地了解游戏和动画的背景。它也可以让我们更好地探索虚拟环境，比如模拟宇宙，探索太空和星系。

（三）数字化传输与存储

虚拟可视化是一种新兴的技术，它可以将大量数据可视化，使其可以更容易地被理解和处理。它的基本原理是将数据转换为图形，从而使用户能够更容易地理解和使用数据。虚拟可视化还可以帮助用户更好地分析数据，从而获得有用的信息。

虚拟可视化可以提供数字化传输和存储功能。由于数据可以以数字格式存储和传输，因此可以在不同的计算机系统之间进行快速传输。此外，由于数据可以在不同的计算机系统之间进行快速传输，因此可以实现跨域合作，提高效率。

虚拟可视化还可以提供更多的存储功能。由于数据可以以数字格式存储，因此可以更有效地存储大量数据。此外，由于数据可以存储在不同的计算机系统之间，因此可以更有效地共享数据。

虚拟可视化还可以提供更多的分析功能。由于可以将大量数据可视化，因此可以更容易地分析数据，从而获得有用的信息。此外，由于可以更好地分析数据，因此可以更容易地发现有用的趋势和模式。

虚拟可视化还可以提供更多的安全性功能。由于数据可以以数字格式存储，因此可以更有效地防止数据泄露。此外，由于可以更有效地存储数据，因此可以更有效地防止数据丢失，从而更有效地处理大量数据。它还可以提供更多的安全性功能，从而更有效地防止数据泄露和丢失。

（四）虚拟可视化的优势

虚拟可视化是一种数字技术，将虚拟现实技术和三维建模技术结合起来，以产生真实的虚拟环境。虚拟可视化具有以下几方面优势：

第一，更省时。虚拟可视化可以消除物理测试的需求，因此可以省去大量的实验时间和成本；第二，更精确。通过虚拟可视化，可以控制环境和参数，更精确地模拟和分析任何过程和事件；第三，更安全。虚拟可视化可以模拟和测试危险的环境和场景，从而提供更安全和更可靠的解决方案；第四，提高效率。虚拟可视化可以大大提高效率，让人们更快地设计和开发产品，并优化过程和效果；第五，更好沟通。使用虚拟可视化工具，制作者可以更好地展示设计与想法，而用户可以更快地理解设计和需求；第六，提供更好的用户体验。可以帮助设计者更好地了解用户的需求，并提供更贴合用户需求的产品。

二、虚拟可视化实现基础三维动画技术

虚拟可视化使用 3D 虚拟环境来模拟真实环境，以便用户可以更好地理解和控制它们。虚拟可视化技术可以应用于许多不同的领域，如制造业、建筑业、汽车行业、医疗保健行业、航空航天行业、非遗文化保护与传承等。虚拟可视化技术需要软件和硬件的结合，以提供更好的用户体验。

虚拟可视化技术需要软件来支持。软件可以帮助用户创建和操作 3D 虚拟环境，比如可以使用软件来模拟真实环境，以便用户可以更好地理解和控制它们。常用的虚拟可视化软件有 Unity3D、Unreal Engine、Maya、Blender 等。这些软件可以帮助用户创建和操作 3D 虚拟环境，让用户更好地体验虚拟可视化技术。

虚拟可视化也需要硬件来支持。硬件可以提供更好的用户体验，如可以使用 VR 头盔和控制器来体验虚拟可视化技术，可以使用游戏手柄来控制虚拟环境，可以使用投影仪来投射虚拟环境，可以使用摄像头来追踪用户的动作等。此外，虚拟可视化技术还可以使用计算机硬件，如显卡、内存、处理器等，来支持虚拟可视化技术的运行。

虚拟可视化还需要使用其他硬件，如传感器、打印机、扫描仪等，来支持虚拟可视化技术的运行。传感器可以帮助收集用户的输入，以便更好地控制虚拟环境；打印机可以帮助用户打印虚拟环境中的物体；扫描仪可以帮助用户扫描真实环境中的物体，以便在虚拟环境中进行模拟等。

总的来说，虚拟可视化技术需要软件和硬件的结合，以提供更好的用户体验。软件可以帮助用户创建和操作 3D 虚拟环境，硬件可以提供更好的用户体验，而其他硬件也可以帮助用户收集用户的输入，以便更好地控制虚拟环境。只有将软件和硬件结合起来，才能充分发挥虚拟可视化技术的优势，为用户提供更好的体验。

（一）三维动画的发展历程

三维动画是一种视觉媒体，它可以将三维图像投射到二维屏幕上，以增强画面的真实感和深度。它的发展可以追溯到 20 世纪 50 年代，当时由于科技的发展，人们开始尝试将三维图像投射到二维屏幕上。20 世纪 60 年代，科学家发明了第一台用于三维图像投射的机器，这台机器可以将三维图像投射到二维屏幕上，从而让画面看起来更加真实。这一发明开启了三维动画的发展，并且为今天的三维动画技术奠定了基础。

20世纪70年代，随着计算机技术的发展，三维动画技术也发展迅速。计算机可以将三维图像投射到二维屏幕上，并且可以模拟真实世界的运动，从而让画面看起来更加真实。20世纪80年代，由于计算机技术的进步，三维动画技术也发展迅速。计算机可以模拟真实世界的各种物理现象，从而使画面看起来更加逼真。此外，计算机还可以模拟光照、阴影和反射等效果，从而使画面更加逼真。20世纪90年代，随着计算机技术的发展，三维动画技术也发展迅速。计算机可以模拟真实世界中的各种物理现象，从而使画面看起来更加真实。此外，计算机还可以模拟真实世界中的光照、阴影和反射效果，从而使画面更加逼真。

21世纪，随着计算机技术的发展，三维动画技术也发展迅速。计算机可以模拟真实世界中的各种物理现象，从而使画面看起来更加真实。此外，计算机还可以模拟真实世界中的光照、阴影、反射和折射等效果，从而使画面更加逼真。经过几十年的发展，三维动画技术已经发展到了一个很高的水平，它可以模拟真实世界中的各种物理现象，从而使画面看起来更加逼真。三维动画技术的发展已经为视觉媒体的发展做出了重要贡献，它也将继续在未来发挥重要作用[13]。

（二）三维动画应用领域

三维动画应用领域是一个非常广泛的领域，能够应用于许多不同的领域，如娱乐、教育、建筑、工程等。三维动画的应用越来越普遍，它的优势在于它可以更生动地描绘出物体的形状和结构，以及它们之间的关系。

三维动画在娱乐领域有着广泛的应用。它可以帮助电影制作人创造出令人惊叹的视觉效果，以及让观众体验真实的世界。三维动画也可以用于游戏开发，它可以创造出令人惊叹的视觉效果，让玩家获得最真实的游戏体验。

三维动画在教育领域也有广泛的应用。它可以帮助学生更好地理解复杂的科学概念，如化学反应、物理定律等。三维动画还可以帮助学生更好地理解历史事件，如战争、政治运动等。

三维动画在建筑和工程领域也有着广泛的应用。它可以帮助建筑师和工程师更好地模拟建筑物的结构和外观，以便他们能够更好地实现设计理念。三维动画还可以帮助工程师更好地模拟和分析机械系统，以便他们能够更好地设计机械系统。

三维动画还可以用于广告和营销。它可以帮助广告和营销人员创造出令人惊叹的视觉效果，以便他们能够更有效地传播品牌信息。三维动画应用领域是一个非常广泛的领域，它可以应用于娱乐、教育、建筑、工程、广告和营销等。三维动画可以帮助人们更好地模拟和分析物体的形状和结构，以及它们之间的关系，从而更有效地实现设计理念，传播品牌信息等。

（三）三维动画存在意义

三维动画是一种利用计算机技术来创作的视觉艺术，它可以将一些抽象的概念变成可视的形式，从而更好地传达信息。三维动画的存在意义是多方面的，它能够提高信息的可视性，改善用户体验，促进交流，提高创新性，增强营销活动等。

第一，三维动画可以提高信息的可视性。三维动画可以将抽象的概念变成可视的形式，从而使用者更容易理解和接受信息。三维动画可以将抽象的概念变成可视的形式，从而使用者更容易理解和接受信息。例如，当讲述一个复杂的科学概念时，利用三维动画可以让每个人都能够更好地理解它。

第二，三维动画可以改善用户体验。三维动画可以让用户更好地了解信息，从而提高用户的体验。例如，当用户访问一个网站时，三维动画可以帮助用户更好地了解网站的结构和功能，从而提高用户体验。

第三，三维动画还可以促进交流。三维动画可以将信息变成可视的形式，使用者更容易理解和接受信息，从而更好地进行交流。例如，当进行国际合作时，三维动画可以帮助双方更好地了解彼此的想法，从而促进合作。

第四，三维动画还可以提高创新性。三维动画可以将抽象的概念变成可视的形式，帮助人们更好地理解概念，从而激发创新思维。例如，当研究新的技术时，三维动画可以帮助研究者更好地理解技术，从而激发创新思维。

第五，三维动画还可以增强营销活动。三维动画可以将抽象的概念变成可视的形式，使用者更容易理解和接受信息，从而增强营销活动的效果。例如，当进行新产品的营销时，三维动画可以帮助消费者更好地了解产品，从而提高营销活动的效果。

三维动画的存在意义是多方面的，它能够提高信息的可视性，改善用户体验，促进交流，提高创新性，增强营销活动等。因此，三维动画在当今社会中起着越来越重要的作用，它将给人们带来更多的可能性，改变着我们的生活方式[14]。

三、三维动画技术及主要应用软件

（一）三维动画技术

三维动画技术是一种新兴的计算机图形处理技术，它能够将复杂的三维物体表现出来，并且能够通过动画来表现出来。它的出现，使计算机图形处理技术发生了巨大的变化，并且在很多领域发挥着重要的作用。

三维动画技术的核心是模型的建立和渲染，首先需要建立三维模型。这个模型是由一系列的点组成的，每个点都有其独特的属性，这些属性可以是位置、颜色、纹理等，通过这些点组合在一起，就可以建立出一个三维模型，这个模型可以是任何形状的，可以是人物、建筑物、汽车等。其次就是渲染。渲染的过程是将三维模型转换成二维图像，渲染过程中需要考虑很多因素，如光照、纹理、颜色等，这些因素都会影响最终的渲染结果，如果渲染的结果不符合预期，就需要重新调整这些因素，直到达到期望的效果。最后就是动画。动画就是让模型在视觉上有动态变化，这个过程需要把模型的参数不断地变化，这些参数可以是位置、大小、颜色等，通过不断的变化，就可以让模型产生动态变化，从而达到动画的效果[15]。

三维动画技术在现在已经被广泛应用在许多领域，如游戏、电影、广告等，它可以让视觉效果更加逼真，给观众带来更好的视觉体验，也让电影、游戏等艺术获得了更大的发展空间。总的来说，三维动画技术是一种非常新兴的计算机图形处理技术，它能够让视觉效果更加逼真，并且在很多领域发挥着重要的作用，未来的发展前景也是非常可观的。

（二）三维动画主要应用软件

1.Maya 软件介绍

Maya 软件是 Autodesk 旗下的著名三维建模和动画软件。Autodesk Maya 可以大幅提高电影、电视、游戏等领域开发、设计、创作的工作效率，同时改善了多边形建模，通过新的运算法则提高了性能，多线程支持可以充分利用多核心处理器的优势，新的 HLSL 着色工具和硬件着色 API 则可以大大增强新一代主机游戏的外观，另外在角色建立和动画方面也更具弹性；Maya 是顶级三维动画软件，国外绝大多数的视觉设计领域都在使用 Maya，即使在国内该软件也是越来越普及。由于 Maya 软件功能更为强大，体系更为完善，因此国内很多的三维动画制作人员都开始转向 Maya，而且很多公司也都开始利用 Maya 作为其主要的创作工具[16]。在很多的大城市、经济发达地区，Maya 软件已成为三维动画软件的主流。Maya 应用领域极其广泛，比如说《星球大战》系列,《指环王》系列,《蜘蛛侠》系列,《哈利·波特》系列,《木乃伊归来 》《最终幻想》《精灵鼠小弟》《马达加斯加》《怪物史莱克》以及最近的大片《金刚》等都是出自 Maya 之手[17]。

2.3DMax 软件介绍

3D Studio Max，常简称为 3d Max 或 3ds Max，是 Discreet 公司开发的（后被 Autodesk 公司合并）基于 PC 系统的 3D 建模渲染和制作软件。其前身是基于 DOS 操作系统的 3D Studio 系列软件。在 Windows NT 出现以前，工业级的 CG 制作被 SGI 图形工作站所垄断。3D Studio Max + Windows NT 组合的出现一下子降低了 CG 制作的门槛，首先开始运用在电脑游戏中的动画制作，后更进一步开始参与影视片的特效制作，例如《X 战警 II》《最后的武士》等。在 Discreet 3Ds Max 7 后，正式更名为 Autodesk 3ds Max，最新版本是 3ds Max 2022。在应用范围方面，广泛应用于广告、影视、工业设计、建筑设计、三维动画、多媒体制作、游戏，以及工程可视化等领域[18]。

3DMax 软件应用优势：

性价比高。3DS Max 有非常好的性能价格比，它所提供的强大的功能远远超过了它自身低廉的价格，一般的制作公司就可以承受得起，这样就可以使作品的制作成本大大降低，而且它对硬件系统的要求相对来说也很低，一般普通的配置已经可以满足学习的需要了，这也是每个软件使用者所关心的问题。

便于交流。在国内拥有最多的使用者，便于交流，学习教程比较多，随着互联网的普及，关于 3D Max 的论坛在国内也相当火爆。

上手容易。初学者比较关心的问题就是 3D Max 是否容易上手，这一点你可以完全放心，3D Max 的制作流程十分简洁高效，可以使你很快地上手，所以先不要被它的大堆命令所吓倒，只要你的操作思路清晰上手是非常容易的，后续的高版本中操作性也十分的简便，操作的优化更有利于初学者学习。

3.Cinema 4D 软件

中文名 4D 电影，外文名 Cinema 4D，研发公司为德国 Maxon Computer，特点为极高的运算速度和强大的渲染插件，使用在电影《毁灭战士》《阿凡达》中，获得贸易发展中"最佳产品"的称号，前身为 FastRay。Cinema 4D 的前身是 1989 年发表的软件 FastRay，最初只发表在 Amiga 上，Amiga 是一种早期的个人电脑系统，当时还没有图形界面。两年后，在 1991 年 FastRay 更新到了 1.0，但是这个软件当时还并没有涉及三维领域。1993 年 FastRay 更名为 Cinema 4D 1.0，仍然在 Amiga 上发布。

C4D 模块组件

MoGraph 系统：在 Cinema 4D 9.6 版本中首次出现，它将提供给艺术家一个全新的维度和方法，又为 Cinema 4D 添上了一个绝对利器。它将类似矩阵式的制图模式变得极为简单有效而且极为方便，一个单一的物体，经过奇妙的排列和组合，并且配合各种效应器的帮助，你会发现单调的简单图形也会有不可思议的效果。

毛发系统：Cinema 4D 所开发的毛发系统也是迄今为止最强大的系统之一。

Advanced Render：高级渲染模块。Cinema 4D 的渲染插件非常强大，可以渲染出极为逼真的效果。

BodyPaint 3D：三维纹理绘画使用这个模块可以直接在 C4D 模型上进行绘画，有多种笔触支持压感和图层功能，功能强大。

CINEBENCH：花鸦三维动画机构是德国 MAXON 公司软件亚洲测试组成员，推介使用马克森 CINEBENCH r11 版本测试电脑三维制图以及动画性能。

Dynamics：动力学模块提供了模拟真实物理环境的功能，通过这个模拟的空间可以实现例如重力、风力、质量、刚体、柔体等效果。

MOCCA：骨架系统，多用于角色设计。

NET Render：网络渲染模块，可以将几台电脑用网络连接起来，进行同时渲染，可以大大增加渲染速度。

PyroCluster：云雾系统。

Sketch & Toon：二维渲染插件，可以模拟二维效果，如马克笔效果、毛笔效果、素描效果等。

Thinking Particles：粒子系统。

Sculpt：雕刻系统，R14 版本新加入的功能。可烘焙法线贴图、置换贴图等。

C4D 软件应用优势：

文件转换优势

从其他三维软件导入进来的项目文件都可以直接使用，而不会担心会不会有破面、文件损失等问题。

迄今为止最强大的系统之一

C4D 的毛发系统，便于控制，可以快速地造型，并且可以渲染出各种所需效果。

高级渲染模块

CINEMA 4D 拥有快速的渲染速度，可以在最短时间内创造出最具质感和真实感的作品。

BodyPaint 3D

三维纹理绘画使用这个模块可以直接在三维模型上进行绘画，有多种笔触支持压感和图层功能，功能强大。

MoGraph 系统

它将提供给艺术家一个全新的维度和方法，又为 Cinema 4D 添上了一个绝对利器。它将类似矩阵式的制图模式变得极为简单有效而且极为方便，一个单一的物体，经过奇妙的排列和组合，并且配合各种效应器的帮助，你会发现单调的简单图形也会有不可思议的效果。

C4D 预制库：

C4D 拥有丰富而强大的预置库，可以轻松地从它的预置中找到你需要模型、贴图、材质、照明、环境、动力学，甚至是摄像机镜头预设，大大提高了工作效率。

C4D 与后期软件 After Effects 无缝衔接。

4.ZBrush 数字雕刻软件

ZBrush 是一个数字雕刻和绘画软件，它以强大的功能和直观的工作流程彻底改变了整个三维行业。在一个简洁的界面中，ZBrush 为当代数字艺术家提供了世界上最先进的工具。以实用的思路开发出的功能组合，在激发艺术家创作力的同时，ZBrush 产生了一种用户感受，在操作时会感到非常的顺畅。ZBrush 能够雕刻高达 10 亿多边形的模型，所以说限制只取决于艺术家自身的想象力。它已经成为 2D 或 3D 数字建模世界革新速度最快的领跑者。运用其直观的特性以及强大的雕刻和绘图能力，ZBrush 使得数字艺术家和专家冲破了创造力的屏障。大量的娱乐产业的奖项以及行业艺术家和名人都见证了 ZBrush 以其革命性的能力绘制贴图并创作出杰出的角色，在二维和三维领域创建模型和环境纹理，快速而直观，完全不受常规的技术限制。它也是越来越多的网络公司、艺术家、设计师、建模师、插画师、2D/3D 整合爱好者工作流程当中的关键元素，也可以革新地应用在其他产业、商业部门。ZBrush 的创造性可以表现在日常生活的很多方面，如 3D 打印玩具制造业、牙科、科学与医学、珠宝设计等。

四、三维动画发展前景

三维动画作为一种新兴的技术，受到了越来越多的关注。随着计算机技术的不断发展，三维动画的发展前景也十分广阔。三维动画的发展受到了计算机技术的推动，特别是虚拟现实技术的发展，使得三维动画的制作变得更加容易。三维动画的应用范围也不断扩大，许多企业和机构使用三维动画来展示他们的产品和服务，并且可以将其用于许多不同的领域，如建筑、工业设计、游戏开发等。此外，三维动画还可以用来制作视频游戏、电影、电视节目等，使得视觉效果更加逼真，从而增强观众的观看体验。随着技术的进步，三维动画的技术也在不断提高，让观众能够体验到更加逼真的视觉效果。

三维动画的发展也受到许多新兴技术的推动，如深度学习、人工智能等，这些技术可以帮助三维动画更好地展现出视觉效果，从而提高动画的质量。三维动画发展前景非常广阔，随着计算机技术和新兴技术的发展，三维动画将会变得更加容易制作，并且可以用于许多不同的领域，从而为用户提供更好的体验。因此，三维动画的发展前景十分乐观，未来将会有更多的三维动画应用出现。

第三节　沉浸式虚拟可视化交互发展历程

沉浸式虚拟可视化交互（Immersive Virtual Visualization Interaction，IVVI）是一种新型的虚拟现实技术，它可以让用户体验到更加真实的虚拟现实环境。IVVI 可以使用户完全沉浸在虚拟现实的环境中，使用户能够与虚拟环境中的物体进行交互，从而获得更加真实的体验。

沉浸式虚拟可视化交互（IVVI）的核心技术是虚拟现实技术，它可以在计算机中创建出一个看似真实的虚拟环境，让用户可以在其中进行自由的活动。IVVI 可以模拟出真实的物理环境，如重力、温度等，从而让用户可以与虚拟环境中的物体进行交互。IVVI 还可以模拟出虚拟现实中的人物，让用户可以与虚拟现实中的角色交流，从而获得更加真实的体验[19]。

沉浸式虚拟可视化交互（IVVI）还可以与其他技术结合使用，以提高用户体验。例如，可以使用视觉传感器来实时捕捉用户的动作，从而模拟出虚拟现实中的动作，使用户可以自由地控制虚拟现实中的物体。此外，还可以使用声音传感器来实时捕捉用户的声音，从而模拟出虚拟现实中的声音，使用户可以与虚拟现实中的角色进行交流。

沉浸式虚拟可视化交互（IVVI）的出现，为虚拟现实技术的发展带来了巨大的潜力。沉浸式虚拟可视化交互（IVVI）可以模拟出真实的物理环境，使用户可以与虚拟现实中的物体进行交互，从而获得更加真实的体验。此外，沉浸式虚拟可视化交互（IVVI）还可以与其他技术结合使用，以提高用户体验。因此，沉浸式虚拟可视化交互（IVVI）可以为虚拟现实技术的发展带来更多的可能性。

沉浸式虚拟可视化交互（IVVI）的未来发展前景非常广阔。它可以用于教育、娱乐、医疗等多个领域，让用户可以体验到更加真实的虚拟现实环境。此外，沉浸式虚拟可视化交互（IVVI）还可以与其他技术结合使用，以提高用户体验，提供更多的功能。因此，沉浸式虚拟可视化交互（IVVI）有望在未来成为虚拟现实技术的重要组成部分，为用户提供更多的体验。

沉浸式虚拟可视化交互是一种有趣的技术，它让用户可以通过虚拟现实（VR）和增强现实（AR）来体验虚拟环境。这种技术的发展历程可以追溯到 20 世纪 60 年代，当时先进的计算机科学家们就开始尝试利用计算机模拟现实环境。

20 世纪 70 年代，计算机科学家们开始研究虚拟环境，并开发了一些技术，比如虚拟现实头盔，它可以让用户感受到虚拟环境的真实感。此外，这个时期还出现了许多用于虚拟现实的计算机辅助设计（CAD）和虚拟现实设计（VRD）系统，这些系统可以帮助用户更好地模拟现实环境。20 世纪 80 年代，随着计算机科学技术的进步，虚拟现实技术也取得了长足的进步。计算机科学家们开发了一些新的计算机图形技术，比如光栅图形和表面着色，这些技术可以更加真实地模拟现实环境。此外，用户也可以使用多种输入设备，如键盘、鼠标和触摸屏，来控制虚拟环境。20 世纪 90 年代，随着计算机科学技术的进一步发展，虚拟现实技术也取得了巨大的进步。此外，还开发了一些新的虚拟现实软件，比如虚拟现实游戏，可以让用户在虚拟现实环境中进行游戏。到了 21 世纪，沉浸式虚拟可视化交互技术取得了质的飞跃。此外，还有一些新的虚拟现实增强现实设备，如谷歌眼镜，可以让用户体验到沉浸式虚拟现实的真实感[20]。

沉浸式虚拟可视化交互技术的发展历程可以追溯到 20 世纪 60 年代，随着计算机科学技术的发展，它已经取得了巨大的进步，现在它已经成为一种先进的虚拟现实技术，可以让用户体验到虚拟现实的真实感。

第四节 沉浸式虚拟可视化交互的实现流程

沉浸式虚拟可视化交互（Immersive Virtual Visualization Interaction，IVVI）是一种新兴的虚拟现实技术，它可以让用户沉浸在虚拟现实环境中，通过视觉、听觉、触觉等感官获得虚拟现实的体验。沉浸式虚拟可视化交互的实现流程包括三个主要步骤：虚拟现实环境的建立、用户交互的实现和数据的收集。

第一步，为了实现沉浸式虚拟可视化交互，需要先建立虚拟现实环境。这一步骤包括硬件环境和软件环境的搭建。硬件环境包括显示器、音响、触觉传感器等，软件环境包括渲染引擎、物理引擎、视觉引擎、声音引擎等。这些硬件和软件环境都需要通过有效的组合来搭建虚拟现实环境，以便实现沉浸式虚拟可视化交互。

第二步，实现沉浸式虚拟可视化交互需要实现用户交互。这一步骤包括实现用户输入控制、实现用户输出反馈等。用户输入控制可以通过键盘、鼠标、触摸屏等设备实现，用户输出反馈可以通过显示器、音响、触觉传感器等设备实现。通过这些设备，用户可以在虚拟现实环境中实现与虚拟物体交互的操作，从而实现沉浸式虚拟可视化交互。

第三步，实现沉浸式虚拟可视化交互需要收集数据。这一步骤包括收集用户行为数据、收集用户感知数据等。用户行为数据可以通过记录用户的输入操作，如键盘输入、鼠标操作等来收集；用户感知数据可以通过记录用户的视觉、听觉、触觉等感官反馈来收集。通过收集这些数据，可以对IVVI的效果进行评估，为IVVI的进一步改进提供依据。

总之，IVVI实现流程包括三个步骤：虚拟现实环境的建立、用户交互的实现和数据的收集。通过这些步骤，可以实现IVVI，从而让用户在虚拟现实环境中获得更好的体验。

第五节 沉浸式虚拟可视化交互方式及分类

沉浸式虚拟可视化交互方式是一种新兴的人机交互技术，它改变了传统的用户界面和操作方式，使用户能够完全沉浸在虚拟环境中，从而更好地控制和体验虚拟世界。沉浸式虚拟可视化交互方式有助于提高人机交互的效率，提升用户体验，并为用户提供更多的自主性和自由度。

沉浸式虚拟可视化交互方式可以分为三大类：虚拟现实（VR）、增强现实（AR）和混合现实（MR）。

一、虚拟现实（VR）

虚拟现实（VR）是一种全息投影技术，它可以使用户完全沉浸在虚拟世界中，使用户能够完全控制和体验虚拟环境。VR技术可以提供给用户身临其境的体验，并且可以实现虚拟现实环境中的操作。虚拟现实是一种通过使用计算机生成或模拟的虚拟环境，让用户感觉自己在其中的技术。VR技术通过戴上引入虚拟世界的头戴设备（如Oculus Rift、HTC Vive等），让用户可以沉浸在虚拟环境中，彻底忘却自己的真实环境，获得真实的沉浸式体验。

VR中的虚拟环境可以是以三维模型或全息投影为基础的虚拟空间，也可以是由电脑程序生成的虚拟世界。用户可以通过视觉、听觉等各个感官获得身临其境的感觉，如在虚拟教学环境中亲身体验石器时代的生活、在虚拟艺术馆中赏析名画、在虚拟游戏中探险等。

除此之外，VR技术还可以通过使用虚拟控制器等输入设备，实现用户在虚拟环境中的交互和操作。例如，用户可以使用手柄控制器在游戏中进行射击和移动，或者使用手势识别技术进行交互等。

总之，虚拟现实技术可以提供给用户身临其境的沉浸式体验，并且可以实现虚拟环境中的交互，被广泛应用于游戏、娱乐、教育、医疗、建筑等领域。

二、增强现实（AR）

增强现实是一种复合技术，它将虚拟元素与真实环境相结合，使用户能够在真实环境中控制和体验虚拟元素。AR技术可以让用户在真实环境中体验虚拟现实，并且可以在真实环境中实现虚拟元素的操作。增强现实是一种通过利用计算机等技术，将虚拟元素与真实环境相结合的技术。AR技术利用摄像头或激光等输入设备，捕捉真实环境的信息，并将虚拟元素与真实环境结合，生成一个增强的现实世界。用户可以通过手机、平板电脑等AR设备，将虚拟元素直接显示在真实环境中。

AR技术可以为用户带来身临其境的感觉，让用户在现实环境中感受虚拟的场景，如在旅游时，可以通过AR技术将历史建筑物复原，让用户感受到建筑物的历史和文化，或者在购买家具时，可以通过AR技术生成虚拟的家具，让用户在真实环境中感受到家具的外观和质感。

同时，AR技术还可以实现虚拟元素在真实环境中的操作，如用户可以通过AR技术将虚拟吉他显示在真实环境中，并使用手机上的屏幕来模拟弹奏吉他的动作，实现虚拟元素在真实环境中的控制和操作。

总之，增强现实技术可以让用户在现实环境中体验虚拟现实，并且实现虚拟元素在现实环境中的操作，可以广泛应用于教育、游戏、商业、文化等领域。

三、混合现实（MR）

混合现实技术是虚拟现实和增强现实的复合技术，它将虚拟元素和真实环境相结合，使用户能够在虚拟现实和真实环境中同时控制和体验虚拟元素。MR技术通过使用计算机生成或模拟的虚拟元素和现实环境中的物体相互交互，让用户在现实环境中体验虚拟现实，并且可以在虚拟现实和真实环境中同时实现虚拟元素的操作。

例如，用户可以在真实环境中散步时，通过MR技术将虚拟动物或场景添加到现实环境中，以增强这次散步的体验。用户可以通过MR设备来体验整个环境，同时对于虚拟元素的操作也会同时呈现在虚拟和现实环境中，例如，虚拟的球在真实世界中弹跳，虚拟桌面工具在现实世界视野中进行操作。

混合现实技术可以使用户更多地参与并体验虚拟世界，也可以在真实世界中操作虚拟元素，使得用户更加自然地控制虚拟元素并实现文娱、教学和商业等多种用途。

沉浸式虚拟可视化交互方式在人机交互技术中具有重要的地位，它可以改变传统的用户界面和操作方式，使用户能够完全沉浸在虚拟环境中，从而更好地控制和体验虚拟世界。沉浸式虚拟可视化交互方式可以分为虚拟现实（VR）、增强现实（AR）和混合现实（MR）三大类，它们可以提供给用户身临其境的体验，并且可以实现虚拟现实环境中的操作。

第六节　虚拟可视化在非物质文化遗产保护中的重要性

虚拟可视化已成为非物质文化遗产保护的重要手段。它可以帮助人们更好地了解、保护和传承传统文化遗产。虚拟可视化技术可以将复杂的遗产信息转换成可视化的形式，以便更容易理解和接受。

虚拟可视化技术可以帮助人们更好地了解非物质文化遗产。它可以帮助人们更清楚地了解遗产的历史、文化和背景信息，以及遗产的特点和价值。虚拟可视化技术可以创建一个虚拟空间，让人们可以更深入地了解非物质文化遗产，而不需要实际地前往遗产现场；虚拟可视化技术可以帮助人们更好地保护非物质文化遗产。虚拟可视化技术可以帮助监测和记录遗产的状况，以便更好地保护它们。虚拟可视化技术还可以帮助人们分析遗产的变化情况，以便更好地管理非物质文化遗产。

此外，虚拟可视化技术还可以帮助人们更好地传承非物质文化遗产。它可以帮助人们更好地分享遗产信息，以便更多人了解和参与到遗产保护中来。虚拟可视化技术还可以帮助人们更好地分享遗产，以便更多人可以参与到遗产保护中来。总之，虚拟可视化技术对于非物质文化遗产保护具有重要意义。它可以帮助人们更好地了解、保护和传承传统文化遗产。虚拟可视化技术可以帮助人们更好地保护和传承非物质文化遗产，从而为社会发展和文化传承做出贡献。

一、虚拟可视化可以帮助收集和保存非物质文化遗产

虚拟可视化可以帮助收集和保存非物质文化遗产，可以帮助人们记录、保存和传播非物质文化遗产，从而更好地保护和保存文化遗产。虚拟可视化技术收集和保存非物质文化遗产的方式有很多，其中最常用的方式是使用虚拟现实技术来收集和保存非物质文化遗产。虚拟现实技术可以把非物质文化遗产以虚拟形式展示出来，从而更好地保护和保存文化遗产。例如，可以使用虚拟现实技术来记录和保存传统的民间艺术，如舞蹈、民族音乐和民族文学，以及传统的民族服饰、礼仪、食物等。

虚拟可视化技术还可以用于收集和保存非物质文化遗产的口头传统。虚拟可视化技术可以把口头传统以虚拟的方式记录下来，以便将来的研究者可以更好地研究和分析这些传统。例如，可以使用虚拟可视化技术来收集和保存民族传说、民族故事、民族神话等口头传统。虚拟可视化技术还可以用于收集和保存非物质文化遗产的实物样品。虚拟可视化技术可以把实物样品以虚拟的方式记录下来，以便将来的研究者可以更好地研究和分析这些样品。例如，可以使用虚拟可视化技术来收集和保存民族建筑、民族工艺品、民族绘画等实物样品。

虚拟可视化技术还可以用于收集和保存非物质文化遗产的实体文献。虚拟可视化技术可以把实体文献以虚拟的方式记录下来，以便将来的研究者可以更好地研究和分析这些文献。例如，可以使用虚拟可视化技术来收集和保存民族史料、民族学

论文、民族文学作品等实体文献。

虚拟可视化技术可以把非物质文化遗产以虚拟的方式记录下来,从而更好地保护和保存文化遗产。虚拟可视化技术的应用范围很广,可以用于收集和保存传统的民间艺术、口头传统、实物样品和实体文献等。因此,虚拟可视化技术可以为收集和保存非物质文化遗产提供有力的支持。

二、虚拟可视化可以帮助保存和传播非物质文化遗产

通过使用虚拟现实技术、虚拟场景技术、虚拟导览技术等,将非物质文化遗产以虚拟的形式呈现出来,让更多的人有机会去欣赏它们。虚拟可视化可以帮助我们重建非物质文化遗产的虚拟现实空间,以便更好地保存和传播它们。例如,我们可以使用虚拟现实技术来重建古老的建筑,重建古老的街道,以及重建古老的景观。这些虚拟空间可以让我们更好地了解非物质文化遗产,并有助于更好地保护和传播它们。

非物质文化遗产作为不可再生资源,对于传承历史文化有着重要意义。但是在非物质文化遗产文化保存过程中无论运用何种先进科技对非物质文化遗产进行保护、修复都会面临退化损坏甚至消亡的命运,三维激光扫描数字技术的出现,改变了单一的传统非物质文化遗产保存方式,通过对文物单体或建筑群落激光扫描进行数字化保存。例如通过三维激光扫描服务来获取古建筑的三维空间信息生成点云数据,逆向还原古建筑的二维图纸和三维模型,利用平台实现数据共享,便于后续汇报和交流工作的开展。此外,还能为古建筑的原始数据进行电子存档保护,为后续修复、翻新、维护等提供可靠的数据支持,如图1所示。

图1 三维激光扫描数字技术

由于古建筑三维激光扫描技术具有零接触古建筑本体远程测绘等特点，在古建筑保护中的应用越来越普遍，人们对三维激光扫描技术也越来越重视。三维激光扫描技术是一种新型的测绘技术方法，这项技术能够对测绘物体进行多角度无接触、准确的数据采集。不只是文化遗产保护领域，三维激光扫描技术也早已应用到各个行业。三维激光扫描技术应用在古建筑测绘领域的明显优势就是它能够在不损伤建筑物的前提下还能快速获取古建筑物外部表面的数据信息，再通过相关软件（三维软件 Maya、实景三维制作软件 RealityCapture、虚幻引擎 UE5 等）可以快速地为扫描获得的点云赋予相应的建筑物色彩信息，并通过加工制作成正射影像，从而向用户展示一个完全的实景彩色图像。在虚拟世界中进行数字化保存和展示可以实现非物质文化遗产的重建历史的再现，并长期保存，让历史在数字化中获得"永生"，如图 2 所示。

图 2　古建筑三维激光扫描技术

同时，虚拟可视化可以帮助我们进行虚拟场景技术的传播。例如，我们可以使用虚拟场景技术来重现传统的文化活动，例如传统的宗教仪式、民间艺术表演、民间礼仪等。通过这种方式，我们可以让更多的人有机会了解这些传统文化，并有助于更好地保护和传播它们。虚拟可视化还可以帮助我们进行虚拟导览技术的传播。例如，我们可以使用虚拟导览技术来重现传统的文化景点，例如古建筑、古城市、古山谷等。通过这种方式，我们可以让更多的人有机会了解这些古老的文化景点，并有助于更好地保护和传播它们。

虚拟可视化可以帮助我们传播非物质文化遗产，可以通过使用虚拟现实技术、虚拟场景技术、虚拟导览技术等，将非物质文化遗产以虚拟的形式呈现出来，让更多的人有机会去欣赏它们。同时，虚拟可视化还可以帮助我们更好地保护和传播非物质文化遗产，从而让更多的人有机会去了解和体验它们。

第四章

虚拟可视化
在非物质文化遗产保护中的应用与优势

虚拟可视化技术是一种新兴的技术，它利用计算机技术和多媒体技术，将非物质文化遗产的内容和形式以虚拟的形式呈现出来。这种技术可以将非物质文化遗产的历史和文化以虚拟的形式进行展示，从而实现保护和传播非物质文化遗产的目的。

虚拟可视化技术可以实现对非物质文化遗产的精确测量和定位。在此过程中，可以收集到更多的客观数据，从而可以更准确地理解非物质文化遗产的空间结构和形态，并有效地开展保护和传播工作。虚拟可视化技术可以实现对非物质文化遗产的多视角观察。例如，可以通过虚拟可视化技术实现从不同角度观察非物质文化遗产的外观，从而更好地理解非物质文化遗产的结构和特征，并作出更有效地保护和传播计划。

此外，虚拟可视化技术还可以实现对非物质文化遗产的数字化复制。通过数字化复制，可以将非物质文化遗产的历史和文化以虚拟的形式进行展示，从而可以更好地传播和保护非物质文化遗产。虚拟可视化技术还可以实现非物质文化遗产的虚拟互动展示。通过虚拟互动展示，可以让观众更加直观地感受非物质文化遗产的历史和文化，从而更好地实现保护和传播非物质文化遗产的目的。

综上所述，虚拟可视化技术在非物质文化遗产保护中有着重要的作用，它可以实现对非物质文化遗产的精确测量和定位、多视角观察、数字化复制和虚拟互动展示，从而可以有效地保护和传播非物质文化遗产。

第一节　虚拟可视化在非物质文化遗产保护领域应用现状

虚拟可视化技术已经在非物质文化遗产保护领域得到广泛应用。它可以帮助研究人员更好地了解和描述非物质文化遗产，收集、整理和分析关于非物质文化遗产的信息，进行可视化分析和模拟分析，以及保护非物质文化遗产的决策支持。虚拟可视化技术还可以帮助研究人员更好地理解非物质文化遗产的复杂性，提高非物质文化遗产保护的效率，并有助于推动非物质文化遗产保护的可持续发展。

一、虚拟可视化技术应用非物质文化遗产保护领域的现状

（一）国外应用现状

20世纪80年代初，美国VPL公司创始人Lanier首次提出了虚拟现实技术这一概念，直到1995年，虚拟现实技术才不断成熟并开始应用于各个领域[21]。其独特的沉浸性、交互性和构想性与世界文化遗产完美组合，更快地实现数字化和信息化，实现传承和保护的现代化。美国虚拟现实领域的权威专家杰里米·拜伦森和吉姆·布拉斯科维奇在《虚拟现实，从阿凡达到永生》中描述，人们可以在虚拟现实的世界中自由活动，像电影《黑客帝国》尼奥进入虚拟世界一样，可以任意观看、随意触摸甚至产生人际关系。现将国外先进的项目研究成果展示如下。

1995年11月英国巴斯举行虚拟遗产会议，是虚拟现实技术应用于建筑研究领域的起始点[22]。大会展出了圣彼得大教堂虚拟现实项目，利用photoplan和AutoCAD对现有教堂与康斯坦丁的巴西利卡大教堂以及外部回廊相结合进行虚拟还原，观众可以通过屏幕投影和头盔等技术设备，并结合先进的计算机视听系统观看毁于16世纪的古代建筑。近年来，虚拟现实对非遗文化的应用性研究在世界各国得到了极大的提升，日本利用三维扫描仪重建虚拟模型来保护镰仓时期的佛像，依据通泰济主殿的建筑形制再现用来庇护大佛的主殿建筑模型；欧盟使用的三维技术为文物古迹保护提供了全新的多媒体技术，最具代表性的是重建酒神狄厄尼索斯像；2004年，希腊利用增强现实技术开发Archeoguide历史导游系统，实现对奥林匹亚神庙的虚拟还原；美国斯坦福大学联合其他高校共同开发3D激光扫描技术，完成了数字化米开朗琪罗项目；罗马大学和加州大学伯克利分校通过"逆向建模"和三维激光扫描技术实施了罗马大剧场数字化项目；芝加哥大学等利用古生物放射学技术实施了苏尔曼木乃伊项目，有效地实现了对其的保护；日本奥兹大学的"舞狮"数字化保护工程，采用运动捕捉技术真实再现舞狮场景[22]；意大利萨兰托大学AVR实验室利用增强现实技术实现了对奥特朗托市不同时期建筑的虚拟模型构建与交互；Genevieve Lucet利用扫描技术构建了中美洲考古遗址的三维模型，通过IXTLI实现了虚拟现实

化,并进一步将研究成果应用到教学中;亚历山大和地中海研究中心利用虚拟现实技术实现展示与互动功能,构建了埃及九座金字塔的三维模型,并将其成果应用在文化遗产教学之中,意在保护那些重要的历史遗迹[23];瑞士日内瓦大学的研究人员将欧洲文化典型代表的庞贝古城相关的传统活态文化进行了全方位数字化视觉呈现,利用增强现实技术把大量的数字文化内容和信息与庞贝古城现在的遗迹相融合,使人们在遗迹现场环境中感受到虚拟遗迹的历史背景。

(二)国内应用现状

以 2001 年 1 月至 2019 年 1 月为研究区间,在中国知网上搜索关键词"虚拟现实+文化遗产""虚拟现实+传统工艺",检索到 167 篇文献,通过文献梳理得出以下几个研究方向:虚拟现实技术和现状研究、虚拟现实面对文化遗产的保护研究、虚拟现实对于传统工艺的传承研究、数字化虚拟现实的发展趋势研究。

喻晓和编著的《虚拟现实技术基础教程》丛书中提出动态环境建模将成为现实环境和虚拟环境之间的桥梁。整合分散的虚拟现实系统,构建一个新的在时空上互为匹配的虚拟系统,方便参与者的使用和体验。邵恒在期刊《虚拟现实技术在天津非遗保护与传承中的应用》中提出非遗文化是以家庭、师徒和民族之间互为传承,传播方式局限性很大,利用虚拟现实技术符合时代发展,能够吸引更多年轻人感受和学习非遗文化。王思在《国外虚拟现实技术在旅游中应用的研究综述》中提出利用虚拟现实技术使"罗马复活",通过虚拟影像重现罗马社会鼎盛时期。张文元在《针灸铜人三维可视化研究与应用》中首次采用三维扫描和建模技术对传统中医知识进行存储和运用,开发针灸铜人交互系统,实现了穴位、经络和常见疾病的中医可视化交互查询。

(三)国内先进的项目研究成果

西南交通大学教授朱庆采用 LOD 数据组织方法和动态传输机制,通过对唐代木结构的三维可视化,展现了中国古代建筑的总体布局特征和唐代木结构的建筑技法;李宇放技术团队首次尝试使用三维扫描收集太极拳动作,通过虚拟引擎在 Android 平台上开发太极拳增强现实显示系统;郑州科技学院牛庆黎带领的团队,解决了黄河景区三维漫游系统功能模块分析、模型建立、场景导入和天空盒子添加等问题,建立黄河风景名胜景区三维交互漫游系统;北京林业大学研究生戴茜利用 AutoCAD、3Dsmax、Photoshop 等软件设计了虚拟故园场景,最后利用 Unity3D 中实现了四季选择、场景漫游、信息交互等人机交互功能;李敏以山西省博物馆青铜展品"晋侯墓青铜酒器"为例，在 Android 平台上开放开发了金侯墓青铜器展示平台，实现了虚拟展示和人机交互功能；故宫博物院信息中心副主任徐虎采用 SGI 技术构建了逼真的虚拟宫殿场景，为研究人员提供了便利，更好地保护和展示了故宫现有的文化遗产；清华大学研究生娜文制作的毕业作品《哈尼卡乐园》，积极探索民俗博物馆实物模型交互式展示的设计方案。在空间里体验者可以像玩纸偶游戏一样将人偶移动到特定场景中交互体验角色的装扮，接收到系统反馈的游戏信息后，进一步找到隐藏的道具开关，进而完成更多的互动来亲身体验达斡尔族的传说故事和民俗风情。北京师范大学周明全教授利用图形图像处理、虚拟现实等多样化科学新技术，将 AR 与 VR 技术应用于文化遗产保护工作，带队攻克了多项科研难题；成功完成了虚拟修复、数字博物馆、数字考古等多个重要项目，帮助解决了文物三维真彩色信息采集、虚拟现实浏览等关键技术的障碍，并在一系列的文化遗产数字化处理与保护方面取得重大成果；"超越时空的紫禁城"代表了现阶段我国虚拟现实产品的主要制作方法。在技术上，将要显示的对象或景观以纯三维建模的方式再现，然后导入到虚拟现实引擎中，通过特定的程序控制，可以实现 360°自由观看的效果。国家重点实验室浙江大学 CAD&CG 对敦煌艺术进行保护，已开发实现了敦煌莫高窟虚拟参观旅游系统、壁画复制技术、壁画色彩演变技术和计算机辅助石窟保护修复系统。利用虚拟现实技术展示文物古迹的原貌，不仅可以使文物古迹得到更为适宜的保存，而且可以通过虚拟图像等技术手段，在人们面前以不同方向和角度展示其面貌，让人们体验置身其中的感受[22]。

当前虚拟现实技术正在受到全世界的关注，俨然成为数字化背景下文化传承的新理念、新动向。综合国内外研究现状发现：

1. 目前，基于虚拟现实技术在文化领域的研究大多集中在历史遗迹或者文化遗产方面，而对非遗传统手工技艺类的数字化保护和视觉呈现的研究较少。当前的文化遗产保护和数字化再现基本上着眼于历史遗迹或重要文物，而非遗传统手工技艺却一直处于被忽视的状态。传统手工技艺是中国文化的重要组成部分，它们是文化遗产的重要组成部分，但由于传承和保护工作不足，很多传统手工技艺正在逐渐消失，其中也包括了很多无形文化遗产。

由于传统手工制造技艺最重要的特点是"手工"，文化遗产数字化保护和呈现受到更多的难度和挑战。当前，许多手工制品被保护在博物馆和展览馆中，但这些场所并不能让观众真正地感知到制作过程及其背后的文化内涵，因此需要对传统手工技艺进行数字化保护和视觉呈现，以此推动其传承和保护。

虚拟现实技术能够为传统手工制作技艺的数字化保护和视觉呈现提供可能性。通过虚拟现实技术，手工制作者的动作和技艺可以进行精确的记录和再现，传承和保护手工技艺得到充分保障，观众也能够通过虚拟技术更加直观地体验和了解传统手工文化的内涵。因此，开展虚拟现实技术在非遗传统手工技艺数字化保护和视觉呈现方面的研究，对传承和保护中华传统文化具有重要意义。

2. 国内外众多项目更倾向于文化成果的输出性，多为展示、陈列和表现而忽略文化的流动性，忽略了传统技艺的形成与流程。目前，文化遗产保护与数字化传承的研究更多偏向于文化成果的展示和陈列，而忽略了传统技艺的形成与流程，这样的研究只能提供静态的文化呈现，无法真正传达文化的活力和流动性。

因此，在进行文化遗产数字化传承时，应注重传统技艺的流程、传承和创新，将其作为一个活生生的文化过程和体验，向观众呈现传统技艺的生命周期和流动的文化价值。

这就需要将虚拟现实技术应用于传统技艺的数字化传承和展示中，从技术层面上实现文化的流动性。例如，在展示传统技艺的过程中，可以采用虚拟现实技术，让观众可以自由进行探索、参与和交互，了解传统技艺的流程、技法与文化内涵，并在此基础上加以创新和推进，从而推动文化的不断流动和创新。

3. 在数字化虚拟现实保护的过程中，多数研究针对自身项目孤立地展开研究，虽然突出了该文化的独特性但缺乏广泛意义。因此，研究项目成果缺乏延展性和推广性。当前数字化虚拟现实保护的研究多数仅针对特定文化或遗产展开，缺乏广泛的意义和适用性，并且缺乏有效的延展性和碎片化的内容，很难形成有意义的推广和应用。

为了解决这个问题，我们需要采用更加系统化和综合的方式来研究和保护文化遗产。首先，我们需要从更广的角度来考虑文化遗产保护和数字化传承的问题，例如，整合各种文化遗产保护项目的经验和理念，形成更全面和细致的研究框架。其次，我们需要采用跨学科的研究方法，将计算机科学、文化遗产保护、人类学等领域的知识和技术相结合，形成更为完整和综合的数字化保护和传承方案。最后，我们需要更加注重数字化保护和传承成果的共享和推广，建立数字化资源共享平台，推广数字化保护和传承成果，并构建全球数字化保护与传承的生态体系。

这些措施可以帮助我们更全面、细致地保护和传承文化遗产，同时加强数字化成果的共享和推广，提高其传播效益，实现数字化保护与传承工作的系统化、标准化和规范化。

二、虚拟可视化技术在非物质文化遗产保护领域存在的问题

尽管非遗虚拟可视化在国内外实践中取得一定进展，但很多国家非遗虚拟可视化仍面临着现实困境，我国所面临的挑战主要表现在以下三个方面。

第一，保存与获取的失衡。

保存与获取本应是驱动非遗虚拟可视化重要的两个部分，但目前我国非遗数字资源的保存与获取并不平衡，尤其是存在重存轻取的倾向，当前我国非遗数字化保护的重心还停留在保存与管理的阶段，利用、共享与传播往往被忽视，大部分与非遗相关的数字资源仍然深藏。此外，我国非遗虚拟可视化成果的发布与利用主要通过建立网站和数据库来实现，VR、数字博物馆等新兴技术的运用较少，非遗数字资源的获取与共享平台建设严重滞后，无法为文化产品开发与利用传播提供基础设施。从公众的角度来看，目前能够获取的非遗数字资源数量、类型、方式都非常有限。可喜的是中国非遗保护中心 2018 年启动的全国非遗信息公共服务平台建设，正致力于打破非遗数据孤岛实现全国非遗数据的整合与共享，在一定程度上缓解了保存与获取的失衡状态。

第二，保存与保护的失衡。

非遗虚拟可视化是一种固态保存与活态保护相结合的非遗保护模式，其最终目标是确保非遗的生命力。我国目前各类非遗虚拟可视化项目偏向于实现非遗的固态保存，在运用数字化技术推进非遗数字化教育、传承、传播与参与等方面并未取得突破性进展。国家及大多地方政府文化机构主导的非遗数字化保护项目主要采用数字影像、数据库等基础技术实现非遗的记录和保存。但这无法让非遗表现形式、文化空间和精神内涵完整地呈现在虚拟空间当中，后续创造性转化发展受限。另外，部分非遗数字资源的保存现状和资源建设情况不理想，导致后续开发面临着资源分布零散、类型繁杂、缺乏管理等问题。

第三，社会参与度尚不高。

尽管在非遗虚拟可视化实践中，很多国家都重视吸收社会力量和公众的参与，但实际上社会力量和公众并未广泛参与到非遗数字化的生命周期当中。ICH Scoland Wiki 项目曾试图与地方政府建立合作关系，让受过培训的教育和遗产保护工作者像

"滚雪球"一样回到他们所属的机构,向公众展示如何参与 Wiki 编写。但期望的"雪球"效应却未出现。

因为项目最初是在政府的关注和资金支持下进行的,相关政府工作人员必须参与进来,但他们不是真正的对非遗清单编制感兴趣,也缺乏志愿精神。可见,Wiki 是一项永久的工作,应该让真正有兴趣的人和广大公众参与进来。

我国非遗数字化保护工程尽管只涉及国家级非遗项目与传承人的数字化记录与数据库建设,但耗费十多年时间,至今还未建成能够开放利用的非遗数据库体系。国家和地方文化部门在非遗普查或明察阶段获取的大量实物与传统载体文献资料的数字化也尚未完成,大量资料以手抄本、老照片、录音磁带等不易数字化的信息媒介形式存在非遗保护中心,与高校科研机构、文化机构等社会力量的合作也十分有限,跨界合作、传承人以及社会公众的参与更是少见[24]。

第二节　虚拟可视化应用于非物质文化遗产具体实施方法

虚拟可视化应用是一种新兴的技术,可以帮助人们更好地理解和保护非物质文化遗产。它可以帮助人们更深入地了解非物质文化遗产,并且可以更有效地保护它们。下面将介绍虚拟可视化应用于非物质文化遗产具体实施方法。

首先,要将虚拟可视化应用于非物质文化遗产,必须要有一个完善的信息收集系统。信息收集系统的重要性不言而喻,它可以帮助人们收集有关非物质文化遗产的各种信息,如古迹、古建筑、传统技艺、社会文化等。

其次,要将虚拟可视化应用于非物质文化遗产,需要建立一个虚拟可视化系统。虚拟可视化系统可以帮助人们更清楚地了解非物质文化遗产,并可以更有效地保护它们。它可以通过虚拟现实、虚拟地理信息系统等技术,把非物质文化遗产的各种信息转化为可视化的形式,从而使人们更好地理解和保护非物质文化遗产。

再次,要将虚拟可视化应用于非物质文化遗产,还需要建立一个信息共享系统。信息共享系统可以帮助人们更好地了解非物质文化遗产,并可以更有效地保护它们。它可以通过网络等技术,将非物质文化遗产的各种信息共享给全世界的人们,从而推广和传播非物质文化遗产,使更多的人了解和保护非物质文化遗产。

最后,要将虚拟可视化应用于非物质文化遗产,还需要建立一个社会文化保护系统。社会文化保护系统可以帮助人们更好地了解非物质文化遗产,并可以更有效地保护它们。它可以通过法律、政策、技术等手段，保护非物质文化遗产，从而使非物质文化遗产得到更好的保护。

虚拟可视化应用于非物质文化遗产具体实施方法包括：建立一个完善的信息收集系统；建立一个虚拟可视化系统；建立一个信息共享系统；建立一个社会文化保护系统。只有通过这些方法，才能更好地理解和保护非物质文化遗产，从而实现非物质文化遗产的保护和传承。

一、虚拟可视化应用于非物质文化遗产使用原则

将虚拟现实技术应用于非物质文化遗产保护，使非遗的保护和传承更加现代化、系统化，在实践过程中仍要注意使用的原则。

第一，技术和文化之间的协调。传统文化通过现代技术的集成，需要找到技术和文化相结合的平衡点，要针对非遗的特殊性结合非遗文化的本性进行合理保护，了解传承人的技艺，关注非遗研究对象的历史、民俗和地域文化，只有系统全面地了解非物质文化遗产的相关事项才能将虚拟现实技术与非遗文化完美结合。

第二，非物质文化遗产传承的地域性差。在非物质文化遗产利用虚拟现实技术的保护过程中，研究者很难对不同的地域文化进行全面的考察，只能笼统地概括出不同地域的特殊性，进而运用数字语言进行转化。在收集、记录和输出的过程中可能会有研究者的主观感受，但这些都不是非物质文化遗产最原始的特征和表达。因此，在非物质文化遗产虚拟技术的保护中尤其要注意地域特色和文化内涵，要真实地保存和传承非物质文化遗产的独特性。

第三，非遗保护是要尽量保存、传承原始面貌，但也要根据社会的发展而做出科学的保护，利用先进科技使非遗文化更好地推广到现代生活，将非遗所蕴含的文化传承下去、传播出去，使人们有一种文化归属感和认同感。

第四，非遗的传承和传播需要传承人深度参与。首先，传承人是非物质文化遗产传承的重要参与者，他们是与非物质文化遗产项目接触最多、了解最多的人。其次，传承人对文化内涵有很深的认识，这些文化可以将非物质文化遗产与生活联系起来。因此，非物质文化遗产传承人有必要参与建立虚拟现实的非物质文化遗产保护。

非遗文化的多样性不仅体现在国家、民族、地区的不同而产生的空间多样性，而且体现在时间、形式和内容的多样性上。虚拟现实技术为非遗的表现形式和内容提供了强有力的技术支持，使大量的传统文化得到了有效的保存。虚拟现实的高效

性、便捷性、可视性、传播性等优点为人们所认可，但我们也要预防它所带来的风险，人们在保护过程中过度追求视听效果，进而淡化非遗主题"原生态"的质朴和厚拙，过度地强调技术同时也会弱化内容构建。因此，我们最终的保护原则是让数字化技术真正融入非遗文化，使科技成为文化的载体，从而转化为全新的传承与传播方式。

二、虚拟可视化应用于非物质文化遗产保护关键技术

三维建模技术。通过三维建模技术，可以将非物质文化遗产的形态、结构、尺寸等特征进行精确的重建，从而为虚拟可视化应用提供可靠的基础数据。

虚拟现实技术。虚拟现实技术可以将非物质文化遗产的形象、声音、气味等特征进行重建，从而为虚拟可视化应用提供更加真实的体验。

数字图像处理技术。数字图像处理技术可以将非物质文化遗产的图像、图案、文字等特征进行准确的重现，从而实现虚拟可视化应用。

虚拟环境技术。虚拟环境技术可以将非物质文化遗产的环境、地理位置、历史背景等特征进行准确的重现，从而实现虚拟可视化应用。

虚拟现实传感器技术。传感器技术是实现虚拟现实的关键所在。虚拟现实所需的传感设备主要包括以下两部分：一是操作人员身上佩戴的人机交互传感设备。包括头部跟踪、手部跟踪、躯体跟踪、声音交互等设备；二是现实环境感知传感装置。包括三维视觉、听觉、触觉、力觉等传感装置。用户借助这些传感器既可以直观感受非物质文化遗产，又可以从听觉、嗅觉等多方面体验非遗文化带来的独特魅力。

人机交互技术。该技术主要在计算机系统提供的虚拟空间中，通过计算机的输入输出设备，有效地实现人与计算机的对话，利用该技术可以实现用户与虚拟非遗环境之间的互动。

三、虚拟可视化应用于非物质文化遗产保护技术平台

使用非物质文化遗产保护技术平台，采用数字化技术，将非物质文化遗产的信息进行系统化管理，实现非物质文化遗产的保护和传承。

（一）软件技术平台

图像处理软件 Adobe Photoshop，Adobe Photoshop 是由 Adobe Systems 开发和发行的图像处理软件，是一款专业的图像编辑软件，可以用来进行图像处理、图像编辑、

图像制作、图像设计等工作。它可以帮助用户创建、编辑、修改和调整图像,并可以添加文字、图形、色彩等元素,以及改变图像的大小、形状和色彩。此外,它还可以用来制作网页、漫画、动画等。

实景三维模型生成软件 RealityCapture BETA,RealityCapture BETA 是一款由 RealityCapture 公司开发的 3D 建模软件,它可以将多个 2D 图像和点云数据转换为 3D 模型。它可以捕捉和模拟真实世界中的场景,并将其转换为可视化的 3D 模型。RealityCapture BETA 支持多种输入格式,包括照片、点云、激光扫描、UAV 图像、激光雷达和激光扫描等。它还支持多种输出格式,包括 OBJ、FBX、3DS、PLY、STL、DAE、IGES、JT、STEP、VRML、X3D、COLLADA 等。RealityCapture BETA 还支持多种照片编辑功能,可以调整图像的曝光、色彩、对比度、锐度、模糊度等[25]。

三维制作软件 Maya,Maya 是 Autodesk 公司出品的一款专业的三维动画软件,它是一款非常强大的三维动画制作软件,可以用来制作电影、电视片、动画片、游戏等。Maya 可以用来创建、编辑、渲染和动画复杂的三维场景,它拥有强大的建模、动画、渲染和合成等功能,可以让用户创作出令人惊叹的三维动画作品。

Unreal Engine 是由 Epic Games 开发的一款虚幻引擎,它是一款多平台的游戏引擎,可以用于制作电子游戏、虚拟现实、建筑可视化、视频渲染等。它拥有强大的图形渲染引擎,可以提供高质量的图形效果,支持多种平台,包括 PC、移动设备、游戏机等。它还提供了一系列的工具,可以帮助开发者快速制作游戏,比如蓝图系统、物理引擎、动画系统等。

数字雕刻软件 Zbrush 是一款专业的三维雕刻软件,由 Pixologic 公司开发。它可以用来创建高精度的三维模型,可以用来制作游戏角色、电影特效、动画、建筑可视化等。它拥有强大的雕刻工具,可以快速创建复杂的三维模型,并可以轻松调整模型的细节。它还拥有高级的着色和纹理工具,可以轻松添加纹理和着色效果,使模型更加逼真。

(二)硬件技术平台

可视化头盔、VR 眼镜是一种虚拟现实头戴式设备,它可以将用户带入一个全新的虚拟世界。它通过把用户的视觉、听觉和触觉信息转换成虚拟现实的形式,让用户可以体验到一种身临其境的感觉。VR 眼镜可以让用户在虚拟现实中进行游戏、观看视频、观看 3D 电影等,可以让用户体验到一种全新的视觉体验。

虚拟可视化应用非物质文化遗产保护涉及硬件技术平台的选择和开发。下面是一些可能应用到的硬件平台。

3D 扫描设备。这些设备使用激光或摄像机等技术获取物体的三维模型数据，可以用于数字化展示和保存非物质文化遗产。

虚拟现实头显设备。这些设备能够提供沉浸式的虚拟现实体验，可以用于展示非物质文化遗产，并提供交互式的学习和体验。

运动捕捉设备。这些设备可以跟踪人体和物体的运动，包括手势和动作，可以用于数字化记录和保存非物质文化遗产。

视频和音频录制设备。这些设备可以用于录制非物质文化遗产的音频和视频，包括语言、音乐、舞蹈等表现形式。

硬件平台集成解决方案。一些企业提供整合上述硬件平台的解决方案，以满足非物质文化遗产保护的需求。

总之，虚拟可视化应用于非物质文化遗产保护需要选择和开发适合的硬件技术平台，以实现收集、保存、展示、研究和传承非物质文化遗产的目标。同时也需要注意平台的适用性、稳定性和可持续性，以保证数字化保护和传承工作的顺利进行。

第三节 虚拟可视化技术应用于非物质文化遗产保护的方式及路径

虚拟可视化是一种新兴的技术，它可以将数字信息转换为可视化的形式，从而更好地揭示数据的内容和结构，从而使人们更容易理解和分析数据。虚拟可视化已经成为非遗数字化的重要趋势，它可以有效地帮助非遗保护者收集、管理和分析非遗信息，从而更好地保护非物质文化遗产。

一、虚拟可视化技术应用于非物质文化遗产保护中的应用方式

虚拟可视化可以帮助非遗保护者更好地收集非遗信息。可视化技术可以帮助非遗保护者更好地收集、组织和管理非遗信息，从而更好地研究和保护非遗文化遗产。例如，网络虚拟展厅设计制作，网络虚拟展厅通过三维软件 Maya、实景三维制作软件 RealityCapture、虚幻引擎 UE5 和 Web 3D 等技术建设基于 web 的虚拟展馆设计和实现方法，展馆可以实现虚拟漫游展品热点链接、语音播报后台管理等功能。通过这种方法实现的网上虚拟展馆不仅内容全面丰富，操作流畅便捷、风格美观而且具有友好的交互性和逼真的虚拟性。在"互联网+"时代借助互联网思维结合新技术

与互联网深度融合是传统领域发展的新趋势，Web 3D 技术是随着互联网与虚拟现实发展而产生的，其目的是在互联网上建立三维的虚拟世界，让人们更加清晰明了地了解真实的物体。目前，Web 3D 技术在电子商务、教育、娱乐、虚拟社区、非物质文化遗产保护等领域获得了广泛的应用。虚拟展馆就是在互联网平台上发布的利用 VR 技术构建的数字化展览馆，是互联网新技术与传统会展领域的新融合，它是一种三维互动体验方式，不仅突破了时空限制节约了建造成本，还可以发挥无限的想象创意，使观众能够随时随地在网络平台上感受展馆及展品，用仿真互动的方式体验身临其境、畅游无限的精彩[26]。在疫情的影响下会展经济受到严峻冲击，很多展馆不得不进行数字化转型。非物质文化遗产展馆虚拟展厅成为众多数字化转型的重要途径。

非遗保护者可以使用虚拟可视化技术来收集非遗文化遗产中的历史资料，从而更好地了解非遗文化遗产的历史发展。此外，虚拟可视化还可以帮助非遗保护者更好地收集、组织和管理非遗文化遗产中的图片、视频、音频等多媒体信息。

虚拟可视化可以帮助非遗保护者更好地分析非遗信息。虚拟可视化技术可以将非遗信息以可视化的形式呈现出来，从而使非遗保护者更容易理解和分析非遗信息。例如，可视化技术可以将非遗文化遗产中的历史资料以可视化的图表形式呈现出来，从而使非遗保护者更容易理解和分析非遗文化遗产的历史发展。此外，虚拟可视化还可以帮助非遗保护者更好地分析非遗文化遗产中的图片、视频、音频等多媒体信息。

虚拟可视化可以帮助非遗保护者更好地管理非遗信息。虚拟可视化技术可以帮助非遗保护者更好地管理非遗信息，从而更好地保护非遗文化遗产。例如，虚拟可视化技术可以帮助非遗保护者更好地管理非遗文化遗产中的历史资料，从而更好地保护非遗文化遗产的历史发展。此外，虚拟可视化还可以帮助非遗保护者更好地管理非遗文化遗产中的图片、视频、音频等多媒体信息，从而更好地保护非遗文化遗产。

二、虚拟可视化技术应用于非物质文化遗产保护路径

（一）建立虚拟可视化技术平台

建立一个虚拟可视化技术平台，用来收集、管理和展示非物质文化遗产信息，使其可视化，以便更好地保护和传承非物质文化遗产。建立虚拟可视化技术平台的核心目标是实现非物质文化遗产信息的数字化和可视化，以便更好地保护和传承非物质文化遗产。具体步骤如下。

收集非物质文化遗产信息。收集非物质文化遗产的文本、图像、音频、视频等信息，并结构化整理，构建非物质文化遗产信息库。

选择合适的虚拟可视化技术平台。根据需求和预算，选择合适的虚拟可视化技术平台，可以考虑开源的平台，如 Unity、Unreal Engine 等，也可以选择商用的平台，如 Autodesk 等。

数据预处理和建模。将收集到的非物质文化遗产信息进行预处理和数据建模，包括三维建模、拍摄视频、录制音频、采集图像等，用于虚拟可视化展示。

虚拟可视化展示。将收集到的非物质文化遗产信息在虚拟可视化平台上进行展示，可以实现三维漫游、互动体验等功能，如虚拟博物馆、虚拟演出等。

设计和开发。根据具体需求，开发和设计虚拟可视化应用，如定制手势和音频识别交互式功能等。

后期运维和管理。建立虚拟可视化技术平台的后期运维和管理机制，包括数据备份、维护和更新等。

总之，建立虚拟可视化技术平台可以实现非物质文化遗产信息的数字化和可视化，促进非物质文化遗产保护和传承工作的顺利进行。此外，不断优化和更新虚拟可视化技术平台，将有助于提高非物质文化遗产保护和传承的效率和水平。

（二）建立虚拟可视化技术数据库

建立一个虚拟可视化技术数据库，用来存储非物质文化遗产的信息，以便更好地保护和传承非物质文化遗产。建立虚拟可视化技术数据库是非物质文化遗产保护和传承的重要手段之一。下面是建立虚拟可视化技术数据库的具体阐述。

数据收集和整理。收集非物质文化遗产的各种信息，包括文字、图片、音频、视频等。整理这些数据，使其更好地与虚拟可视化技术集成和联系。

需求分析和设计。对虚拟可视化技术数据库的需求进行分析和设计，以确保其能够满足保护和传承非物质文化遗产的需要。多考虑用户体验、数据库性能、数据安全等方面。

数据库搭建和配置。根据需求和设计，使用合适的数据库管理系统（如 Oracle、MySQL、MongoDB 等）搭建数据库，并配置相应的设置和参数。

数据导入和备份。将采集到的非物质文化遗产信息导入数据库中，并进行数据备份及恢复等工作，保证数据的安全和完整性。

数据查询和管理。提供给用户使用的数据查询和管理工具，方便用户查找需要的非物质文化遗产信息。可采用图像搜索、文本检索、关键字搜索等方式。

数据维护和更新。对虚拟可视化技术数据库进行日常维护和定期更新，以保证其数据的实时性、准确性和可靠性。建立虚拟可视化技术数据库的数据管理系统可以实现非物质文化遗产信息的数字化、可视化和方便管理，使非物质文化遗产更好地得到传承和保护。

（三）利用虚拟可视化技术构建非物质文化遗产虚拟现实

利用虚拟可视化技术，构建非物质文化遗产的虚拟现实，以便更好地保护和传承非物质文化遗产。利用虚拟可视化技术构建非物质文化遗产虚拟现实是一种全新的保护和传承非物质文化遗产的方法。具体步骤如下。

确定目标和需求。根据需要和目标，确定要构建的非物质文化遗产虚拟现实的范围、类型和内容。

采集信息和数据。收集与非物质文化遗产相关的各种信息和数据，包括文字、图片、音频、视频等，为后续的建模和渲染提供基础数据。

建立模型和场景。针对非物质文化遗产虚拟现实的需求，使用专业的建模和渲染工具创建虚拟现实的模型和场景。

添加交互元素。为达到更好的用户体验，在虚拟现实中添加交互元素，包括可移动、可旋转、可放缩等。

完成虚拟现实构建。完成虚拟现实构建工作，并进行测试和修改，确认数据准确性和可用性。

发布和推广。将虚拟现实发布到合适的平台上，在相关领域推广该虚拟现实，使更多人能够了解和体验到非物质文化遗产的魅力。利用虚拟可视化技术构建非物质文化遗产虚拟现实不仅可以更好地保护和传承非物质文化遗产，还能通过虚拟互动提升用户的体验和吸引力。

（四）利用虚拟可视化技术构建非物质文化遗产虚拟展览

利用虚拟可视化技术，构建非物质文化遗产的虚拟展览，以便更好地保护和传承非物质文化遗产。利用虚拟可视化技术构建非物质文化遗产虚拟展览是一种全新的保护和传承非物质文化遗产的方法，其具体步骤如下。

制定展览主题和范围。确定展览的主题和范围，如民间艺术、传统习俗、口头传统等。

收集展品信息和数据。为构建虚拟展览提供基础数据，需收集与展品相关的各种信息和数据，如文字、图片、音频、视频等。

设计虚拟展览布局。根据展览主题和内容设计虚拟展览的布局，包括展厅设计、展品陈列、交互设计等。

建立虚拟展览模型和场景。利用专业建模和渲染工具，创建展厅、展台和展品的虚拟模型，并搭建虚拟展览的场景。

添加互动元素。为增强用户体验，在虚拟展览中添加交互元素，包括可移动、可旋转、可放缩等，使用户可以更加灵活地主导自己的参观体验。

完成虚拟展览构建。完成虚拟展览构建后进行测试和修改，确保数据准确性和可用性。

发布和推广。将虚拟展览发布到合适的平台上，并利用广告宣传等方式进行推广，从而吸引更多的用户了解并参观虚拟展览。利用虚拟可视化技术构建非物质文化遗产虚拟展览，不仅可以更好地保护和传承非物质文化遗产，还能够让用户身临其境、亲身参与，达到更好的传播和体验效果。

（五）利用虚拟可视化技术构建非物质文化遗产虚拟学习

利用虚拟可视化技术，构建非物质文化遗产的虚拟学习，以便更好地保护和传承非物质文化遗产。利用虚拟可视化技术构建非物质文化遗产虚拟学习是一种全新的保护和传承非物质文化遗产的方法，其具体步骤如下。

确定学习内容。确定虚拟学习的学习内容和范围，依据非物质文化遗产的种类和特点分组，如传统工艺、音乐、节日等。

收集教学资源。收集与学习内容相关的各种信息和数据，如文字、图片、音频、视频等，为后面制作虚拟教学提供支持。

设计教学场景。在虚拟世界中设计和建造教学场景，如教室、教师、学生等，让学生可以沉浸式学习。

制作虚拟教学课件。根据学习内容，制作虚拟教学课件，如制作 3D 模型，设计教学场景、添加交互按钮等。

添加互动元素。为增加虚拟学习的趣味性和交互性，在虚拟教学课件中添加交互元素，如可拖拽、可选择、可回答问题等，让学生可以更好地参与互动。

测试和优化课件。制作完成后进行测试和优化，确保数据准确性和教学效果。

发布和推广。将虚拟教学课件发布到合适的平台上，并利用广告宣传等方式进行推广，从而吸引更多的学生了解并使用虚拟教学课件。

利用虚拟可视化技术构建非物质文化遗产虚拟学习，不仅可以更好地保护和传承非物质文化遗产，同时还能够让学生在沉浸式学习中获得更好的教育体验和效果。

综上所述，虚拟可视化是非遗数字化的重要趋势，它可以有效地帮助非遗保护者收集、管理和分析非遗信息，从而更好地保护非遗文化遗产。虚拟可视化技术可以帮助非遗保护者更好地收集、组织和管理非遗信息，从而更好地研究和保护非遗文化遗产。此外，虚拟可视化还可以帮助非遗保护者更好地分析和管理非遗信息，从而更好地保护非遗文化遗产。

第四节　虚拟可视化应用于非物质文化遗产保护的优势

虚拟可视化应用是一种新兴的技术，它可以帮助人们更好地保护非物质文化遗产。虚拟可视化应用可以帮助人们更好地了解非物质文化遗产，更有效地保护它们。虚拟可视化应用可以帮助人们更好地了解非物质文化遗产。它可以通过三维模型、虚拟现实、虚拟地图等形式，将非物质文化遗产的形式、空间、历史等信息可视化，使人们可以更好地掌握这些遗产的信息。此外，虚拟可视化应用还可以在线提供有关非物质文化遗产的相关资料，使人们可以更加全面地了解这些遗产。虚拟可视化应用可以帮助人们更有效地保护非物质文化遗产。它可以帮助人们制定更有效的保护措施，比如建立保护区域、制定保护政策、建立保护机构等。此外，虚拟可视化应用还可以帮助人们更好地监督非物质文化遗产的保护情况，从而及时发现问题并采取有效的解决措施。虚拟可视化应用可以帮助人们更好地传播非物质文化遗产。它可以通过虚拟场景、虚拟展览、虚拟导览等形式，将非物质文化遗产的文化内涵传播给更多人，使人们可以更好地理解这些遗产的意义。

总而言之，虚拟可视化应用可以为保护非物质文化遗产提供有效的支持，它可以帮助人们更好地了解非物质文化遗产，更有效地保护它们，并帮助人们更好地传播这些遗产的文化内涵。因此，虚拟可视化应用在保护非物质文化遗产方面具有重要的作用，值得更多的关注和应用。虚拟可视化技术在非物质文化遗产保护中具有以下几点优势。

一、永久保存的优势

虚拟可视化技术在非物质文化遗产保护中具有多项永久保存优势，以下是其中的几点：首先，虚拟可视化技术可以提供准确的文化遗产图像，这可以帮助研究人员更好地了解文化遗产的外观特征，从而更好地保护它们。其次，虚拟可视化技术可以记录文化遗产的完整历史，以便今后可以更好地保护它们。此外，虚拟可视化技术可以提供精确的文化遗产图像，这有助于研究人员更好地理解文化遗产的特征，从而更好地保护它们。最后，虚拟可视化技术可以提供文化遗产的可视化形象，可以更好地展示文化遗产的外观特征，从而更好地保护它们。

虚拟可视化技术的发展为非物质文化遗产保护提供了更多的可能性，能够更好地保存文化遗产，使其可以长久保存。虚拟可视化技术可以把文化遗产转换成可视化的3D模型，从而可以更好地展示文化遗产的外观特征，使其可以长久保存。此外，虚拟可视化技术还可以记录文化遗产的完整历史，以便今后可以更好地保护它们。

因此，虚拟可视化技术在非物质文化遗产保护中具有重要的永久保存优势。它可以提供准确的文化遗产图像，可以记录文化遗产的完整历史，可以把文化遗产转换成可视化的3D模型，从而可以更好地展示文化遗产的外观特征，使其可以长久保存。因此，虚拟可视化技术在非物质文化遗产保护中具有重要的永久保存优势，为文化遗产的长久保存提供了可能性。

二、直观呈现的优势

随着科技的发展，虚拟可视化技术已成为非物质文化遗产保护的重要工具。虚拟可视化技术可以使人们更容易理解和欣赏非物质文化遗产，从而提高其保护及传播的效果。

虚拟可视化技术可以让非物质文化遗产展示变得更加逼真，可以创建出逼真的虚拟现实展示效果，让人们可以更深入地了解和欣赏非物质文化遗产的魅力。虚拟可视化技术也可以创建出让人们可触摸、可互动、可感受的真实感效果。

虚拟可视化技术让非物质文化遗产变得更加直观可视化。大众可以更加容易地理解和欣赏它们。虚拟可视化技术还可以使非物质文化遗产展示内容变得更加清晰，让人们可以更容易地掌握它们的信息。

此外，虚拟可视化技术还可以使非物质文化遗产保存、传播更加可持续。让它们可以长久传承和发展。总之，虚拟可视化技术可以使非物质文化遗产变得更加直观、逼真和可持续，从而提高其保护的效果。虚拟可视化技术也可以使非物质文化遗产更加容易理解和欣赏，从而更好地传承和发展。因此，虚拟可视化技术在非物质文化遗产保护中具有直观呈现重要作用。

三、跨越时空地域限制优势

随着科技的发展，虚拟可视化技术已经可以有效地跨越时空地域限制，为非物质文化遗产的保护和传承提供了可能性。虚拟可视化技术可以将非物质文化遗产的形式、内容和历史特征可视化，从而使其在时空地域上更加可见。

虚拟可视化技术可以将非物质文化遗产的历史特征可视化，从而使其在时空地域上更加可见。例如，通过虚拟可视化技术，可以将古老的文化遗产的构造，如宫殿、寺庙、古墓等，以及它们的内部结构、与当地文化的联系，可视化出来。这样一来，不仅可以更好地了解非物质文化遗产的历史特征，而且还可以更好地了解它们与当地文化的联系，从而更好地保护和传承它们；虚拟可视化技术可以将非物质文化遗产的内容可视化，从而使其在时空地域上更加可见。例如，通过虚拟可视化技术，可以将古老的文化遗产的内容，如文字、图像、声音等可视化出来。这样一来，不仅可以更好地了解非物质文化遗产的内容，而且还可以更好地传播它们，从而更好地保护和传承它们；虚拟可视化技术可以将非物质文化遗产的形式可视化，从而使其在时空地域上更加可见。例如，通过虚拟可视化技术，可以将古老的文化遗产的形式，如舞蹈、音乐、绘画等可视化出来。这样一来，不仅可以更好地了解非物质文化遗产的形式，而且还可以更好地传播它们，从而更好地保护和传承它们。

总之，虚拟可视化技术可以有效地跨越时空地域限制，为非物质文化遗产的保护和传承提供了可能性。它可以将非物质文化遗产的形式、内容和历史特征可视化，从而使其在时空地域上更加可见，从而更好地保护和传承它们。

四、与受众互动的优势

第一，虚拟可视化互动技术可以提供更加直观的数字体验，让用户更容易理解非物质文化遗产。例如，可以利用虚拟可视化互动技术，将传统的非遗文化如民间艺术、民俗、传统技艺等可视化，让用户可以通过虚拟现实的方式体验非遗文化，从而更好地传承和发展非遗文化。

第二，虚拟可视化互动技术可以将非物质文化遗产通过数字化的方式呈现出来，通过虚拟现实、增强现实等技术手段，用户可以直观地感知文化遗产的丰富内涵和多样性，进而更好地理解和学习相关知识。

首先，虚拟可视化互动技术可以让用户身临其境地体验非物质文化遗产的细节和特色。比如，通过虚拟现实技术，用户可以在真实的场景中感受传统戏曲的表演艺术，亲身体验表演者配音、功夫、化妆等各个环节的技艺，并且可以自由选择角度和位置，全面了解文化遗产的表现形式以及背后所蕴含的意义。

其次，虚拟可视化互动技术还可以通过交互式的方式让用户更深入地了解非物质文化遗产。用户可以参与到互动体验中，通过自己的动作、声音、手势等与虚拟元素进行互动，体验文化遗产背后的文化内涵和历史故事，更好地认识到其非凡价值和深厚的文化积淀。

再次，虚拟可视化互动技术还可以让用户自主学习，根据自己的兴趣和需要选择学习资源和学习路径，更有效地在实践中掌握和应用非物质文化遗产相关知识。

因此，虚拟可视化互动技术可以对非物质文化遗产的保护、传承和发展产生积极的推动作用，通过数字化方式呈现文化遗产的多样性和复杂性，让更多的人能够更好地理解和学习，从而促进文化遗产的传承和创新。

第三，虚拟可视化互动技术可以让用户身临其境地体验非物质文化遗产，通过视觉、听觉、触觉等多种感官的刺激，让用户更加深入地了解、体验非物质文化遗产，从而更容易接受并记住。

例如，在传统的非遗传承过程中，学习者可能需要亲自前往师傅所在的地方进行学习，而通过虚拟可视化互动技术，学习者可以随时随地通过计算机或移动设备进行学习。通过虚拟现实技术，学习者可以像身临其境一样感受非物质文化遗产的魅力，比如可以通过虚拟现实技术游览传统的建筑、在虚拟互动环境中学习传统的手工艺等。

此外，虚拟可视化互动技术还可以增加非物质文化遗产的互动性和趣味性，例如通过游戏化设计，让用户在玩游戏的过程中学习非遗知识，增加了用户的参与度和乐趣，使学习更加轻松和有趣。

总之，虚拟可视化互动技术可以让用户更好地理解、感受和记忆非物质文化遗产，是非遗保护与传承中的重要手段之一。

第四，虚拟可视化互动技术是指利用计算机和相关技术，将真实的场景和对象进行数字化处理，呈现在虚拟的环境中，并且可以与用户进行互动交流的技术。这种技术可以应用在非物质文化遗产的传承中，让用户更自由地参与到传承活动中，让传承更加有趣和有效。

首先,虚拟可视化互动技术可以带来丰富的参与体验。传统的非物质文化遗产传承往往需要现场参与,由专业的传承人员进行指导。但是对于用户来说,这样的传承方式既单调又枯燥,难以激发兴趣和热情。虚拟可视化互动技术可以呈现出更加生动形象的场景和对象,用户可以通过虚拟环境和物品进行互动,更加自由地体验和感受非物质文化遗产,从而增强参与度和兴趣。

其次,虚拟可视化互动技术可以提供更为便捷的传承途径。传统的非物质文化遗产传承方式往往需要到场参与,对于那些无法到场的用户来说,传承机会就变得有限。虚拟可视化互动技术可以通过互联网的方式进行传承,用户可以通过网络终端进行参与和体验,节约传承成本和时间,并且可以随时随地进行学习和传承。

最后,虚拟可视化互动技术可以增强传承效果。通过虚拟可视化互动技术,非物质文化遗产可以被数字化、可视化、立体化地呈现出来,从而可以更加深入地了解非物质文化遗产的内涵和精髓。同时,通过虚拟环境的设置,可以更好地呈现出非物质文化遗产的历史、文化和传承的过程,让用户感受到非物质文化遗产的历史渊源和文化内涵,从而更加深入地理解和传承。

因此,虚拟可视化互动技术可以使传承更具有趣味性和有效性,使非物质文化遗产更加深入人心,保护和传承非物质文化遗产变得更加容易和高效。

第五,虚拟可视化互动技术可以通过利用虚拟现实技术的特性,进行非物质文化遗产的展示、传承和普及,让用户更容易接受和理解这些非物质文化遗产。具体包括以下几点:

一是视觉呈现特点。虚拟现实技术可以提供沉浸式、逼真的图像和场景,用户可以在虚拟空间中亲身感受非物质文化遗产的特点、形态和文化内涵。比如,可以将传统的工艺制作场景和历史事件进行数字化重构和再现,让用户更直观地了解文化遗产的制作过程和历史背景。

二是交互性和参与性特点。虚拟可视化互动技术可以增加用户的参与感和交互感,让用户更加积极地参与到非物质文化遗产的学习和传承中来。比如,可以开发虚拟游戏、虚拟演出等互动形式,让用户在游戏、演出中更直观地了解非物质文化遗产的特点和文化内涵,并通过实践参与中学习和掌握技能和知识。

三是普及性和可传播性特点。虚拟现实技术可以对非物质文化遗产进行数字化转换和传播,将其通过互联网、多媒体设备等分发到全世界各地,让更多的用户了解、传播和欣赏非物质文化遗产的魅力。同时，在传播过程中，可以开发多语种、多媒体的应用程序，让不同文化背景的用户都能够更轻易地接触和学习文化遗产。

总之，虚拟可视化互动技术对于非物质文化遗产的传承和普及具有重要的意义，可以让用户更容易理解和接受这些文化遗产，同时也可以促进文化遗产的传承和保护工作。

第五节　非物质文化遗产虚拟可视化互动设计

非物质文化遗产虚拟可视化互动设计是一种结合了虚拟现实技术和可视化技术的设计，用于展示、延续和传播非物质文化遗产。它旨在利用科技手段，将非物质文化遗产的历史、文化和艺术等内容转化为可视化的表现形式，从而更好地传播文化遗产，促进文化保护活动。

非物质文化遗产虚拟可视化互动设计主要包括以下几个方面：

一是虚拟现实技术。虚拟现实技术可以将非物质文化遗产的历史、文化和艺术内容转换为虚拟场景，从而使用户能够体验到其中的历史内容，并在虚拟现实环境中进行探索和学习。

二是可视化技术。可视化技术可以将非物质文化遗产的历史、文化和艺术内容转换为可视化的表现形式，从而使用户能够更深入地了解文化遗产的内容，并能够更加直观地感受到文化遗产的历史意义。

三是互动技术。互动技术可以将非物质文化遗产的历史、文化和艺术内容转换为互动的表现形式，从而使用户能够更加深入地参与到文化遗产的历史内容中，并能够更加直观地体验到文化遗产的历史意义。

非物质文化遗产虚拟可视化互动设计有助于更好地保护和传播非物质文化遗产，并能够更好地激发人们对文化遗产的兴趣。它可以使非物质文化遗产更具有可视化和互动性，从而使更多人能够更好地理解和接受文化遗产，从而更好地保护和传播非物质文化遗产。

非物质文化遗产虚拟可视化互动设计也可以有效提高文化遗产的普及率和受众范围，从而更好地传播文化遗产。它可以使文化遗产的内容更加直观、生动、有趣，从而使更多的人能够更好地理解和接受文化遗产，从而更好地保护和传播文化遗产。

总之，非物质文化遗产虚拟可视化互动设计是一种结合了虚拟现实技术、可视化技术和互动技术的设计，用于展示、延续和传播非物质文化遗产，有助于更好地保护和传播文化遗产，从而更好地激发人们对文化遗产的兴趣，并提高文化遗产的普及率和受众范围。

一、虚拟可视化互动设计的原则

（一）尊重历史文化

虚拟可视化互动设计应尊重历史文化，不能更改非物质文化遗产的原有内容，只能增加新的内容，以补充原有内容。尊重历史文化是实现虚拟可视化互动设计的基本原则之一。在虚拟可视化互动设计过程中，我们应该尊重非物质文化遗产的原有内容，不能将其更改或篡改。虚拟可视化设计应该以补充原有内容为主，以展示和传递历史文化为目的。

具体来讲，在虚拟可视化互动设计中，应采取以下策略：

严格遵循历史文化传承原则，对所传递的内容进行严格的审查。

保留非物质文化遗产的原始形态，在原有内容的基础上增添新的内容，使之形成更为完善的文化形态。

尊重文化地域差异，避免在展示文化时出现地域偏差。

尊重文化层次差异，使展示的文化表达方式更为广泛、真实。

创造虚拟互动环境，介绍历史文化内容并提供参观、学习的机会，尽可能地还原真实的文化环境，达到真实的展示效果。

尊重历史文化是实现虚拟可视化互动设计的首要原则之一，虚拟可视化设计一定要以保护和传承非物质文化遗产为目标，借助现代科技手段去呈现非物质文化遗产，传递它们的价值和意义。

（二）保护文化遗产

虚拟可视化互动设计应保护非物质文化遗产，不得损坏文化遗产的原有内容，不得改变文化遗产的原有外观，以保护文化遗产的历史文化价值。在虚拟可视化互动设计过程中，保护非物质文化遗产的历史文化价值至关重要，具体应采取以下策略：

尊重文化遗产的历史和传统价值，不能改变文化遗产的原有内容和外观。

确保设计的内容和形式与文化遗产的实际情况一致，不能做出不合理的模拟或展示。

严格控制虚拟可视化互动设计中的活动范围,并确保在活动范围内没有任何破坏文化遗产的行为。

开展涵盖常规保护、专业技术保护、社会参与保护、流程规范保护等多重保护手段,全面保护非物质文化遗产。

持续推进文化遗产保护和历史文化资源的整合和开发,确保文化遗产始终保持其独特的价值和地位。

保护文化遗产是虚拟可视化互动设计应遵循的基本原则之一。在设计过程中,我们应该严格遵守相关法律法规及保护文化遗产的专业标准,采取科学合理的手段和方法,全面保护非物质文化遗产的历史文化价值。

(三)创新设计

虚拟可视化互动设计应创新设计,不仅能够传播非物质文化遗产的历史文化内容,还能够提供新的体验,以满足不同消费者的需求。在虚拟可视化互动设计过程中,创新设计是非常重要的。传统的非物质文化遗产虽然具有丰厚的历史文化底蕴,但是它们很难被广大消费者所接受,尤其是年轻人群体。因此,虚拟可视化互动设计应该以创新为基础,通过引入新的技术、新的互动形式、新的传播方式等手段,打造具有新颖体验的文化遗产体验。

虚拟可视化技术可以构建一个虚拟的展示空间,可以让观众在不同时间和角度对非物质文化遗产进行欣赏和体验。具体来说,可以使用交互式设计、虚拟现实、增强现实等新技术来实现。

另外,虚拟可视化互动设计也可以通过将非物质文化遗产融入 VR 游戏、声光游戏、演出等形式的娱乐活动中,以吸引更多年轻人群体参与其中。例如,可以创建虚拟现实游戏,玩家可以通过游戏中的虚拟角色参与文化体验、探险和冒险。

综上所述,创新设计是虚拟可视化互动设计的关键要素。只有通过创新,我们才能更好地将非物质文化遗产的历史文化与新文化体验相结合,从而激发观众的兴趣,提高非物质文化遗产的传播效果和价值。

(四)尊重文化差异

虚拟可视化互动设计应尊重文化差异,不能以西方文化为准,应充分考虑不同文化的差异,以满足不同文化背景下的消费者需求。

虚拟可视化互动设计应该尊重文化差异,意味着设计师应该认识到不同文化之间存在着许多差异,如观念、价值观、社会习惯等,这些差异需要在设计过程中得到尊重。非物质文化遗产作为文化的重要组成部分，其设计应该反映当地文化的风俗、习惯和历史背景，而不是简单地把西方文化的元素直接加入设计中。

在设计虚拟可视化互动产品时，应首先了解目标消费者的文化背景和消费习惯等关键信息，然后再根据这些信息进行设计，确保设计出的产品能够融入特定文化和社会环境中。例如，在设计产品的色彩和图案时，应考虑目标文化的审美和惯例，而不是简单地以西方的审美为准。

此外，虚拟可视化互动设计还应该尊重文化权威，这就意味着要与当地文化机构、地方政府、历史学家等合作，确保设计不会对文化遗产造成任何损失或不尊重之处。在整个设计过程中，需要不断地与当地文化机构进行交流，征求他们的意见和建议，以确保设计的文化准确性和保护非物质文化遗产。

虚拟可视化互动设计应该尊重文化差异，充分考虑不同文化的差异，才能符合当地文化标准和消费者需求，保证产品的文化价值和传播效果。

（五）提高安全性

虚拟可视化互动设计应提高安全性，应采用安全性较高的技术，以防止非物质文化遗产的网络被恶意破坏，保护非物质文化遗产的安全性。保护非物质文化遗产的安全性是虚拟可视化互动设计中的一个重要考虑因素。虚拟可视化互动设计中涉及的非物质文化遗产信息可能包含敏感信息，如年代久远的历史文化背景、机密技术等，因此需要采取措施保护其安全。

首先，虚拟可视化互动设计中需要采用安全性较高的技术来确保其安全。采用加密技术、身份验证等技术可以有效地保护非物质文化遗产信息的安全。同时，可以通过实施白名单机制，限制对信息的访问，从而确保信息的安全。

其次，设计师在进行虚拟可视化互动设计时，需要考虑到用户的安全。通过设计具有良好安全性能的软硬件系统和设备，确保用户在使用过程中不会被攻击或抓取敏感信息。同时加强数据备份、数据恢复和数据保护能力，保障数据不被丢失、泄密或篡改，确保非物质文化遗产的安全性。

最后，需要保证虚拟可视化互动设计的运行平台是安全的，不容易受到恶意攻击。采用经过测试的可靠服务器、数据库等系统来确保非物质文化遗产信息的安全性，同时要保证运行平台拥有较好的反漏洞、反恶意代码的安全性能。

虚拟可视化互动设计应提高安全性，采用安全性较高的技术，设计良好的软硬件系统和设备，确保非物质文化遗产信息和用户数据的安全。这样可以避免这些信息被恶意攻击或泄露，确保虚拟可视化互动设计的稳定性和连续性。

（六）虚拟可视化互动设计

在虚拟可视化互动设计中，使用最新的技术是至关重要的。例如，使用虚拟现实技术可以让访客感觉自己置身于被模拟的环境中，而不是观看一个静态的场景。使用增强现实技术可以在现实场景中添加虚拟元素，为用户提供更加丰富的交互体验。同时，使用实时渲染技术可以让访客获得更加流畅的动态互动效果，使整个体验更加真实与自然。

在利用最新的技术创建虚拟可视化互动设计时，设计师需要考虑到用户体验。设计师应该为不同的访客提供不同的互动方式，以满足不同用户的需求和兴趣。此外，设计师还需要考虑如何通过技术手段促进用户之间的互动，例如添加社交功能或集成虚拟现实头戴式设备等，让访客可以互相交流和协作。最终，通过利用最新技术实现最佳的可视化效果，设计师可以提供一个更加真实、富有互动性的虚拟环境，让访客获得极致的体验。

虚拟可视化互动设计应该考虑到不同访客的年龄、性别、文化背景和兴趣等方面的差异，以满足他们的不同需求。例如，年轻人可能更喜欢动感的体验、更多的互动和社交元素，而老年人可能更需要简单易懂的导航和操作方式，并且需要更多的放松和沉浸感。同时，不同文化背景下的人对颜色、音乐、图形和语言等元素也有不同的理解和偏好。因此，虚拟可视化互动设计应该尽可能地提供多样的体验方式，包括不同的交互模式、场景模拟、音效、多语言支持等，从而让访客可以根据自己的喜好和需求选择体验方式，增强个性化的感受和参与感。

简洁易懂是虚拟可视化互动设计的重要原则之一，这意味着设计应该排除多余信息和复杂的操作步骤，保持界面简单明了，易于理解和操作。设计师应该考虑到用户的体验和需求，将用户需要的功能和信息尽可能地展示在主界面上，使用户能够快速上手，不需要进行复杂的学习和培训。简洁易懂的设计风格可以提高用户体验和满意度，降低使用门槛，使虚拟可视化互动设计成为一个受欢迎的工具和产品。

二、虚拟可视化互动设计的方法

（一）分析用户需求

为了确保设计能够满足用户的期望，需要对用户需求进行深入分析。这个过程包括了解用户的行为模式、偏好、诉求、期望等，以及针对用户需求进行调查和研究。只有了解了用户需求,才能够确定设计的目标和范围,并且为产品和服务的开发提供重要的参考和指导。此外,分析用户需求还可以帮助设计团队评估设计的成果是否达到用户的期望,从而进行优化和改进,提升用户体验和满意度。

(二)设计原型

设计原型是一种用于展示系统或产品功能的可视化模型,通过结合用户需求和实际情况,设计师可以绘制出一种能够反映系统或产品功能的虚拟化原型,这个原型往往可以包含各种视觉、交互和动画效果,使得用户可以更加直观地感受到系统或产品的整体效果。在设计原型的过程中,设计师需要考虑用户的需求,并根据实际情况进行细节的调整,从而确保原型能够满足用户的期望,同时也符合实际应用的需求。设计原型的制作可以采用各种互动设计工具,如 Unity、Unreal Engine、Blender 等,这些工具可以快速制作出高质量的虚拟原型,帮助设计师更好地展现产品或系统的交互和功能特点,提高用户体验和产品价值。

(三)测试原型

使用真实用户进行测试,可以帮助设计师更深入地了解用户的需求和操作习惯,从而优化设计的可用性和可操作性。在测试中,设计师可以观察用户的操作过程,记录用户的行为和反馈,并根据这些数据进行优化和改进。同时,测试还可以发现界面设计上的问题、交互体验上的不足和需求上的疏漏,设计师可以及时调整并根据用户反馈优化对应的功能,提高产品的用户满意度和使用率。因此,使用真实用户进行测试是设计师必不可少的一步,可以有效地提高产品的质量和用户体验。

(四)实施设计

虚拟可视化实施设计是一个包含多个步骤的过程。首先,需要使用设计软件(如 Unity、Unreal Engine、Blender、Maya 等)来实现设计原型。在这个步骤中,设计师将根据项目的需要使用软件中的工具和元素来创建一个互动的原型图。通过这张原型图,团队的其他成员以及客户可以更好地理解和评估设计方案。

接下来,需要进行调试工作。这个步骤中,设计师需要确保原型图的各种功能和交互都能够正常工作,并与开发人员进行协调,确保设计方案实施流程的顺畅性和可行性。在这个过程中,设计师可能需要对原型图进行修改,并持续优化、提高其质量和用户体验。

总之,虚拟可视化实施设计需要设计师具备熟练的设计软件技能和沟通能力,以确保最终设计成果符合客户和团队的要求,并具有很好的用户体验。

（五）反馈和改进

反馈和改进是一个持续循环的过程，通过用户测试和用户反馈，我们可以收集到用户使用产品的体验和反应。这些反馈可以指示我们哪些方面的设计需要改进，哪些方面已经得到了良好的用户反馈。

在进行设计改进时，需要系统地分析问题并针对性地解决问题。这可能包括重新设计产品界面、优化产品功能，还可以在产品演示和指南中增加更多的帮助信息。在这个过程中，需要不断迭代和测试，以确保改进能够有效地解决用户遇到的问题，并且不会引入新的问题。

通过这种持续的反馈循环和改进过程，我们可以不断优化产品，提高用户满意度和体验。此外，这种方法还可以帮助我们更好地了解用户需求和行为，为未来的产品设计和改进提供更深入、更全面的信息和思路。

三、虚拟可视化互动设计的创新

随着信息技术的发展，虚拟可视化互动设计已经成为非物质文化遗产保护和传承的一种有效手段。虚拟可视化互动设计利用计算机技术，将非物质文化遗产的真实形象和场景以虚拟的形式呈现出来，使得观众可以通过虚拟的形式体验文化遗产。

虚拟可视化互动设计在非遗保护方面的创新主要表现在以下几个方面：

（一）增强了非遗传承的可视化效果

虚拟可视化互动设计可以通过 3D 建模技术、虚拟现实技术等手段，将非遗文化元素逼真地呈现在用户面前。用户可以通过交互式界面、触控屏幕等方式进行操作和互动，进一步了解非遗文化的内容和内涵。虚拟可视化互动设计还可以将非遗元素与现代技术相结合，使非遗文化得以更好地适应现代化的传播方式。例如，通过将非遗技艺制作的过程进行动画化呈现，可以提高受众的审美体验和接受度。

总的来说，使用虚拟可视化技术，可以将非遗文化展示得更加生动、直观、形象化。在展示非遗文化时，通过设计生动的场景、动态的视觉效果以及多媒体互动的方式，让观众感受到非遗文化的内涵和历史，激发他们的兴趣和好奇心，从而有效地增强了非遗文化传承的效果。

（二）丰富了非遗展示的形式

随着现代科技的不断发展，虚拟可视化互动设计成了非遗展示的一种新形式。相对于传统的展示方式，通过虚拟可视化互动设计，可以更加灵活、多样地展示非遗文化。比如，可以将非遗文化转化为游戏、动画等娱乐性元素，吸引更多的年轻观众参与，提高非遗文化传承的关注度和认同度；还可以利用虚拟现实技术进行沉浸式展示，让观众进入虚拟场景中亲身体验非遗技艺的魅力，更加深入地了解非遗文化的内涵。

虚拟可视化互动设计具有以下几个优点：

模拟真实场景：通过虚拟可视化技术，可以模拟真实场景，将非遗文化传承的实践过程还原给观众。观众可以通过视觉、听觉等多种方式感受到非遗文化的独特魅力。

提高参与度：虚拟可视化技术可以使观众参与到非遗文化的传承中，通过互动方式了解非遗文化的内涵和价值。观众可以通过自己的操作和控制，体验非遗文化的乐趣，增强了参与度，提升了观赏体验。

丰富展示形式：虚拟可视化技术可以创造出不同的展示形式，一方面可以使传统的非遗元素得到新的呈现，另一方面也可以引入新的艺术形式和元素，打破传统的展示方式，使之更富有趣味性、鲜活性。

综上所述，虚拟可视化互动设计确实为非遗文化传承提供了新的形式，创造了更加生动、立体、有趣、亲近的展示方式，激发了人们对非遗文化的兴趣和热爱。

（三）提升了非遗传承的互动性

虚拟可视化互动设计可以使观众更加主动地参与非遗文化的展示和传承。通过设计交互游戏、用户评价、意见反馈等互动环节，可以使观众感受到自己的参与和影响力，从而更加积极地参与到非遗文化的传承中。

综上所述，虚拟可视化互动设计在非遗保护方面具有重要的创新价值，可以更好地弘扬和传承非遗文化。可以更好地保护文化遗产，推广文化遗产，并为文化遗产提供更多的创新机会。

第六节　基于虚拟可视化的非遗保护方案设计

一、前期介绍

（一）建立非物质文化遗产可视化数据库

建立非物质文化遗产可视化数据库，将非物质文化遗产的信息和图片等资料进行整理，以便更好地可视化。通过建立虚拟可视化数据库用于存储非物质文化遗产的信息，主要包括存储非物质文化遗产五个方面的数据：第一部分为非物质文化遗产的名称、类型、地理位置、历史背景、传统文化价值等信息；第二部分存储非物质文化遗产的图片、视频、文字等资料，以便更好地展示非物质文化遗产的特点；第三部分存储非物质文化遗产的保护措施，以及保护措施的实施情况，以便了解非物质文化遗产的保护状况；第四部分存储非物质文化遗产的传承者及其传承活动，以便了解非物质文化遗产的传承情况；第五部分存储非物质文化遗产的研究成果，以便了解非物质文化遗产的研究状况。通过对非物质文化遗产这五部分数据库建设为非物质文化遗产可视化提供支撑。

（二）建立非物质文化遗产可视化平台

通过网站设计出非物质文化遗产可视化的网页，应用网站平台将非物质文化遗产信息可视化，并且可以提供相关的文化遗产知识介绍、传承人介绍、文化遗产保护等内容；使用社交媒体平台如抖音、微信公众号等社交媒体平台，让用户可以分享自己的文化遗产经历，以及对文化遗产的保护等讨论；建立一个虚拟现实平台，使用软件开发工具，比如 Unity3D、Unreal Engine、CryEngine 等，利用这些开发工具创建一个虚拟现实环境，可以添加 3D 模型，设置虚拟环境的光照、材质、动画等。使用这些开发工具来制作虚拟现实体验，比如添加非遗工艺、民俗文化展示、模拟古建筑群落、生活场景等和其他交互功能（如非遗传统工艺体验）。将虚拟现实体验打包，可以在电脑桌面和移动设备上运行虚拟可视化平台，也可以在 VR 头盔显示上运行。让用户可以体验非物质文化遗产的真实感受，更好地了解文化遗产的价值。实现非物质文化遗产虚拟可视化互动设计，以提高公众对非物质文化遗产的认知和理解。将非物质文化遗产的历史、文化背景及其他相关信息以虚拟的方式呈现出来，使其具有视觉冲击力，增强观众的视觉体验。

非物质文化遗产可视化平台建立，让观众可以更深入地了解非物质文化遗产，提高公众对非物质文化遗产的保护意识。

（三）开展非物质文化遗产可视化研究

第一，收集可视化研究的资料：收集有关非物质文化遗产的相关资料，包括文字资料、图片、视频等；分析非物质文化遗产的特点：通过分析这些资料，了解非物质文化遗产的特点，并分析其所具有的特征；第二，制订可视化研究方案：根据非物质文化遗产的特点，制订可视化研究方案，确定可视化研究的目标；第三，编写可视化研究程序：编写可视化研究程序，确定研究的步骤和方法；第四，实施可视化研究：依据可视化研究方案，实施可视化研究，结合实际情况，给出可视化结果；第五，总结可视化研究：根据可视化研究结果，总结非物质文化遗产的特点，以及可视化研究的过程和结果。

（四）设计内容

选取适宜的虚拟环境，加入虚拟的文化遗产元素，以及相关的历史、文化背景等信息，使其形成一个完整的虚拟环境。

利用虚拟环境的交互性，设计出各种互动游戏，让观众可以更加深入地了解非物质文化遗产的历史、文化背景等信息。

利用虚拟环境，设计出各种活动，以增强观众对文化遗产的保护意识，提高公众对文化遗产的认知和理解。

（五）设计流程

确定虚拟环境的主题，确定要展示的文化遗产元素，以及相关的历史、文化背景等信息。

设计虚拟环境的场景，确定各种虚拟元素的位置，以及虚拟环境的背景音乐等。

设计虚拟环境的交互性，设计出各种互动游戏以及活动等，让观众可以更加深入地了解文化遗产。

测试虚拟环境，检查是否有缺陷，确保虚拟环境的完整性和可靠性。

发布虚拟环境，展示虚拟环境，让公众可以更加深入地了解文化遗产。

二、虚拟可视化大屏设计

首先，根据非遗的特点，确定大屏的主题，比如传统文化、传统工艺、传统习俗等；其次，根据主题，搜集相关的资料，比如文字、图片、视频等，并进行整理；确定大屏的框架，比如模块的布局、动画效果等；编写大屏的程序代码，将资料和框架结合起来；进行测试，确保大屏的正常运行；最后，将大屏发布到指定的平台上，供用户使用。

（一）设计软件选择

在虚拟可视化大屏设计中，常用的设计软件有 Adobe Illustrator、Sketch、Figma 等。其中，Adobe Illustrator 面向矢量图形设计，支持各种矢量图形文件格式；Sketch 是 Mac 系统下的 UI 设计工具，非常适合做移动端和 Web 端设计；Figma 是目前较火的设计协作平台，可实现多人协同设计，并支持实时预览和交互。不同设计师和团队可以根据自身需求选择不同工具，或者组合使用多个工具以达到最佳设计效果。

（二）设计流程

虚拟可视化大屏设计流程主要包括需求分析、设计思路确定、界面设计、细节完善、交付输出等环节。

需求分析：需要了解客户的具体需求和大屏使用场景，确定大屏的主题、目标受众、使用环境等信息。

设计思路确定：根据需求与用户体验，确定设计思路，并完成草图和原型设计。

界面设计：在设计流程中，需要根据客户需求，选择大屏所需要展示的关键点和重点要素，以及布局和配色等设计要求。

细节完善：在界面设计完成后，需要进行细节完善工作，改进每个设计元素和动态效果，并确保内容的易读、易懂和易于操作。

交付输出：交付文件是设计流程中关键的一步，需要输出标准化的大屏设计文件，通过文档和交流等方式让大家了解设计方法和操作流程。

以上设计流程是虚拟可视化大屏的基本流程，不同设计团队可以根据自身实际情况做出相应调整和改进，以满足用户需求和提升设计效果。

三、虚拟可视化互动设计

（一）目标用户群体

设计目标用户群体：

青少年：通过互动式虚拟可视化体验，激发青少年对非物质文化遗产的学习兴趣，增强其对非物质文化遗产的认知；

了解和学习这些非物质文化遗产对于启发智慧、增长知识、丰富阅历、促进文化交流等方面都有着非常重要的意义。

通过互动式虚拟可视化体验，青少年可以更加直观地了解这些非物质文化遗产，包括其历史渊源、背后蕴含的哲理、表达方式、传承等方面。同时，互动式体验也能够激发青少年的学习兴趣，让他们更加主动地去了解和学习这些文化遗产，而不是被动地接受。

这种方式也有助于增强青少年对非物质文化遗产的认知。通过互动和体验，青少年可以更加深入地了解这些非物质文化遗产的内涵和特点，更加了解它们对人类文化的重要性和深远影响。这也能够让青少年更好地意识到自身文化传承的责任和使命，为保护和传承非物质文化遗产做出积极的贡献。

学生：以虚拟可视化体验为基础，深入探讨非物质文化遗产，培养学生对文化遗产保护的意识；以虚拟可视化体验为基础，深入探讨非物质文化遗产，可以通过数字化技术、三维建模、VR 技术等手段，将非物质文化遗产进行还原和呈现，提供给学生身临其境的感受和体验。

比如，可以利用虚拟现实技术，将传统的非物质文化遗产景点、民俗活动场景等还原成三维场景，让学生可以通过 VR 设备进入其中，在场景中感受、观察非物质文化遗产的细节和特色，从而了解非物质文化遗产的历史和文化背景。

此外，还可以通过视频录制等方式，记录和呈现非物质文化遗产的传承人和活动过程，让学生能够了解到非物质文化遗产的实际应用和价值。

针对非物质文化遗产保护的意识培养，可以通过讲解文化遗产法律法规，介绍博物馆、文化遗产保护机构的实际保护工作等方式，引导学生认识到保护非物质文化遗产的重要性。

总之，通过虚拟可视化体验、视频录制等方式，深入探讨非物质文化遗产，可以让学生更加深入地了解和认识丰富多彩的中国传统文化，增强他们的文化自信和认同感，同时也起到了文化遗产保护意识的培养和宣传作用。

普通公众：在当今社会中，非物质文化遗产作为人类文明和文化的重要组成部分，具有独特的历史、文化和民族性质。由于这些非物质文化遗产多数属于传统手工艺、口传文化和民俗风情等陈旧的传统文化表现形式，使得普通公众难以真正了解其内涵和价值，于是在此背景下利用虚拟可视化技术可以让普通公众更加全面、深入地体验和感受非物质文化遗产的文化内涵和民族传统，深入了解传统文化背后的故事和历史背景，增强对非物质文化遗产的欣赏与尊重。利用虚拟可视化体验，让普通公众更全面、深入地了解非物质文化遗产，增进对非物质文化遗产的欣赏和尊重。

通过虚拟可视化技术，公众可以深入感受非物质文化遗产的氛围和魅力，比如参观虚拟博物馆和展览、体验传统戏曲、民歌、围棋等，并通过实时演示、指导、交流等技术方案让公众更加全面地了解传统文化的魅力，并赢得公众更深层次的认同和尊重。此外，通过虚拟可视化技术可以极大地扩大非物质文化遗产的传播范围，让更多的公众有机会了解这些非物质文化遗产的价值，无论是海外游客还是本土民众都可以非常方便地稍加登录即可感知到这些极具文化魅力的非物质文化遗产，从而更加珍惜和尊重传统文化，推动非物质文化遗产的传承和发展。

（二）系统功能

可视化系统可以提供对非物质文化遗产的完整、准确、全面的信息展示，包括其历史渊源、文化特征、传统价值、社会价值及其保护状况等。

可视化系统可以提供多种多样的虚拟展示，包括非物质文化遗产的虚拟3D展示、虚拟漫游、虚拟现场采集等。

可视化系统可以实现非物质文化遗产的网络共享，让更多的人了解和参与到非物质文化遗产的保护和传承中来。

可视化系统可以提供多种多样的交互功能，包括在线讨论、问答、评论等，让用户可以更好地了解和参与到非物质文化遗产的保护和传承中来。

可视化系统可以提供非物质文化遗产的管理、保护和传承措施，以确保非物质文化遗产的可持续发展。

（三）系统界面设计

虚拟可视化界面设计已经成为一种重要的方式来展示非物质文化遗产。它不仅能够更好地展示文化遗产，而且还能够更好地保护文化遗产。为此，有必要设计一种虚拟可视化界面来展示非物质文化遗产。

首先，虚拟可视化界面的设计需要考虑到文化遗产的特点。文化遗产的特点具有多样性，它们有着不同的形式，如歌曲、书籍、艺术品、地理环境等。因此，虚拟可视化界面的设计要考虑到这些不同形式的文化遗产，并为不同形式的文化遗产提供不同的虚拟可视化界面。

其次，虚拟可视化界面设计应该采用简洁、优雅的设计，以更好地展示非物质文化遗产资源。虚拟可视化界面设计应该以简单的方式展示非物质文化遗产的内容，以便用户更容易理解，从而使其在网络上更加容易被访问和获取

最后，虚拟可视化界面的设计要考虑到文化遗产的传播。文化遗产的传播是一项重要的任务，因此虚拟可视化界面的设计应该考虑到文化遗产的传播，比如采取技术措施，通过网络传播文化遗产等。

综上所述，虚拟可视化界面设计是一项重要的任务，设计非物质文化遗产虚拟可视化界面时应注重简洁性、易用性、用户体验以及安全性，以保证用户在访问虚拟遗产资源时能够获得最佳体验。它既要考虑到文化遗产的特点，又要考虑到文化遗产的保护和传播。只有这样，才能够更好地展示非物质文化遗产，并有效地保护

和传播文化遗产。

（四）系统安全性

随着社会的发展，非物质文化遗产虚拟可视化系统已经成为一种重要的信息系统，它可以帮助人们更好地理解和保护文化遗产。然而，这种系统也存在着安全性问题，因此，它的安全性很重要。

首先，在建立非物质文化遗产虚拟可视化系统时，应该采用最新的安全技术，以防止黑客入侵。为此，应该采用加密技术，以防止未经授权的访问。另外，应该采用双因素认证技术，以防止恶意用户登录系统。

其次，应该定期更新非物质文化遗产虚拟可视化系统，以保护系统免受病毒和恶意软件的侵害。此外，应该定期审查系统日志，以便及时发现可疑活动。

最后，应该建立完善的安全策略，以保护非物质文化遗产虚拟可视化系统的安全性。例如，应该建立安全策略，禁止未经授权的用户访问系统，以及禁止系统内部用户在未经许可的情况下外泄系统数据。

总之，为了保护非物质文化遗产虚拟可视化系统的安全性，应该采取有效的措施，包括采用最新的安全技术、定期更新系统、定期审查系统日志以及建立完善的安全策略等。只有这样，才能保护系统的安全性，从而保护文化遗产。

四、虚拟可视化互动设计的实施方案

（一）确定可视化设计内容以及资源获取

非遗虚拟可视化设计可以包括以下内容：

非遗传统工艺展示：通过虚拟现实技术展示非遗传统工艺的制作过程、工具、材料等。

非遗文化体验：创造虚拟现实的非遗文化场景，让用户可以体验非遗文化，如民俗婚礼、传统节日等。

非遗演艺表演：将非遗元素融入虚拟演艺表演中，呈现出非遗的魅力和魔力。

非遗文化互动游戏：通过虚拟现实的游戏形式，使用户了解非遗文化，并在体验游戏中完成某些任务。

资源获取：

非遗文化场馆：很多非遗文化场馆会提供非遗的虚拟可视化展示服务。

非遗传承人：有一些非遗传承人会使用虚拟现实技术展示非遗传统工艺，我们可以联系这些人。

自己收集：可以通过影视剧、纪录片、书籍等渠道收集非遗相关的内容，然后使用虚拟现实技术创造出虚拟场景。

（二）技术分析

虚拟可视化互动设计涉及多个技术领域，包括计算机图形学、虚拟现实、交互设计、游戏开发等。以下是实施虚拟可视化互动设计的几个重要技术分析。

渲染技术：渲染技术是实现虚拟可视化的关键技术之一，它负责将3D模型转换为2D图像并输出到屏幕上。现代渲染技术主要是基于光线追踪和阴影映射的技术，还包括高动态范围渲染、图像后处理等。

3D建模技术：3D建模技术是虚拟可视化的基础，用于创建3D场景、角色、物品等。3D建模技术有多种，如多边形建模、曲面建模、体素建模等。此外，还需要了解建模软件，常用的有Blender、Maya、3D Max等。

碰撞检测：碰撞检测是虚拟可视化互动设计中的重要技术，负责检测游戏中的物体之间是否发生碰撞。碰撞检测一般包括基于几何形状的碰撞检测、基于光线的碰撞检测、基于物理引擎的碰撞检测等。

物理引擎：物理引擎是虚拟可视化互动设计中的核心技术之一，它负责模拟3D场景中的物理行为。物理引擎主要包括刚体动力学、软体动力学、碰撞检测等，并可以运用在游戏、交互式教育、医学模拟等领域。

用户交互：用户交互是实现虚拟可视化互动设计的必要条件。用户与虚拟环境的交互方式包括手势控制、语音识别、物理设备等多种，不同的交互方式可以获得不同的用户体验。此外，还需要考虑用户身心健康、性别等多方面的需求。

实施虚拟可视化互动设计需要多领域技术的支持，这些技术相互融合，才能创造出更加逼真、交互性强的虚拟环境。

收集和整理数据：需要收集和整理有关非遗虚拟可视化技术的相关数据，包括技术类型、应用领域、使用者等。

分析数据：需要对收集的数据进行分析，以了解非遗虚拟可视化技术的使用趋势、应用领域、技术发展等情况。

可视化展示：需要对分析得出的数据进行可视化展示，以便更直观地了解非遗虚拟可视化技术的发展情况。

（三）开发实施流程图

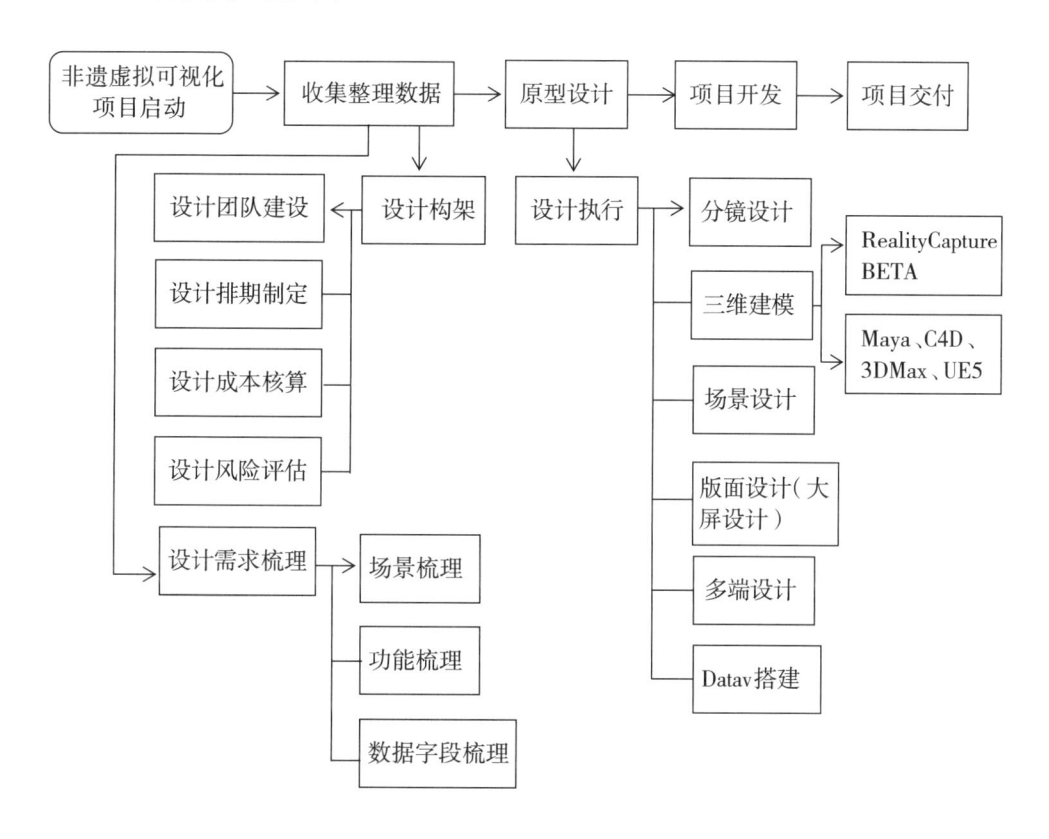

```
非遗虚拟可视化项目启动 → 收集整理数据 → 原型设计 → 项目开发 → 项目交付
```

收集整理数据分支：
- 设计团队建设
- 设计排期制定
- 设计成本核算
- 设计风险评估
- 设计需求梳理 → 场景梳理 / 功能梳理 / 数据字段梳理
- 设计构架

原型设计分支：设计执行
- 分镜设计
- 三维建模 → RealityCapture BETA / Maya、C4D、3DMax、UE5
- 场景设计
- 版面设计（大屏设计）
- 多端设计
- Datav 搭建

（四）设计制作流程

调研：要从多个角度进行调研，才能深入了解非遗设计的特点。首先，可以从历史背景、发展趋势、文化内涵等方面来掌握非遗设计的本质。其次，需要详细了解不同地域、行业、民族的非遗设计形态和特点，包括传统手工艺品、民族音乐、戏剧表演等。最后，还应该调查非遗设计与现代设计的融合情况和趋势，了解当前非遗设计市场上的竞争状况和消费者需求。在调研的基础上，才能更好地针对市场需求和文化特色，进行虚拟可视化的非遗设计，为保护和传承非遗文化做出贡献。通过以上调研，非遗设计师可以更好地理解非遗文化背景及其设计特点，同时把握市场需求和现代科技发展趋势，制作出更符合市场需求和现代科技要求的虚拟可视化非遗设计，促进非遗文化的传承和推广。

分析：通过对非遗设计的前期调研，我们得到了一些关于非遗设计的基本特点。首先，非遗设计强调文化传承和创新，即在传承传统文化的基础上进行创新，使其更符合时代需求。其次，非遗设计强调本土性和地域特色，即设计师要从当地文化中汲取灵感、取材，让设计作品具有地域性和民族特色。最后，非遗设计强调手工艺和工艺美术，即设计作品应该注重手工制作和工艺美术的应用，这也是非遗文化的重要表现形式。

在此基础上，我们认为虚拟可视化非遗设计具有很大的可能性。随着技术的发展，数字技术已经可以实现对非遗文化的立体重构和虚拟再现。利用虚拟现实技术，设计师可以模拟制作过程、还原传统工艺和工具，让人们更好地了解非遗文化的内涵和精髓。此外，虚拟可视化非遗设计也可以通过多媒体手段让更多人参与进来，促进文化传承的普及化和国际化。

因此，我们的目标是通过虚拟可视化非遗设计，打破时空限制，让更多人了解、关注和传承非遗文化。同时，我们也要保持对传统文化的尊重和民族特色的保护，让非遗文化能够更好地在数字化时代得以传承和发展。

设计：设计方案是针对虚拟可视化非遗展示的具体方案，其目的是能够体现非遗文化的特色，吸引更多的人关注并了解非遗文化。设计方案应该包括以下方面的内容：

第一，功能方面：需要确定虚拟可视化非遗设计的目的和功能。例如，展示某一个非遗项目的具体表现方法，或者各个非遗项目的综合展示，或者是为了某个文化活动或展览的配套展示等。

第二，界面方面：需要设计虚拟可视化非遗设计的界面，包括界面的整体风格、色彩搭配，以及交互式设计等。同时也需要考虑用户的需求和用途，以设计出易于操作、易于理解的界面。

第三，流程方面：需要确定虚拟可视化非遗设计的整体流程，包括进入流程、浏览流程、互动流程等。

总体而言，虚拟可视化非遗设计的设计方案应该在展示非遗文化的同时，尽可能地满足用户的需求和期待，提供舒适、便捷的使用体验。

开发：开发虚拟可视化非遗设计需要按照设计方案的要求，选择合适的开发工具，包括编程语言、开发环境和开发框架等。在开发过程中，需要理解设计方案中的各种需求和交互逻辑，考虑用户体验和可用性等方面。同时，还需要与设计师和其他开发人员合作，保证代码质量和项目进度。最终开发出的程序代码需要满足非遗设计要求，能够实现非遗文化的可视化展示，并且具有良好的性能和稳定性，为用户带来高品质的应用体验。

测试：对于进行虚拟可视化非遗设计的软件，为了保证软件的质量，需要进行功能测试。在功能测试中，测试人员会对软件的各项功能进行测试，并且针对每一个功能进行详细的测试。例如，测试人员会测试软件的可视化设计功能，包括是否具备绘图、涂色、变形等多种设计功能。此外，测试人员还要测试软件的用户交互界面，确保用户能够方便地操作和使用软件。测试人员还需要对软件的性能和稳定性进行测试，确定软件能够稳定工作并且能够快速响应。最后，测试人员需要对软件的兼容性进行测试，确保软件能够在不同的操作系统和硬件环境下正常运行。通过这些测试，能够确保软件的功能和界面符合预期，并且能够满足设计师和用户的需求。

发布：发布虚拟可视化非遗设计是指将虚拟化的非物质文化遗产设计作品上传到特定的网络平台上，以供用户浏览、使用和学习。在发布过程中，需要注意选择合适的平台，如数字文化遗产展示平台、在线艺术展览平台等。发布前需要将虚拟可视化设计进行压缩处理，以便提高上传速度和用户使用体验。同时，发布前也需要对作品进行优化，以确保其在不同平台上的适配性与兼容性。成功发布后，用户可以通过平台上提供的搜索功能，快速找到并浏览想要的虚拟可视化非遗作品。发布的虚拟可视化非遗作品也可以在各种数字化展览、文化传承节庆活动中得以运用，进一步推广和普及非物质文化遗产的价值和魅力。

预期效果

非物质文化遗产是人类社会发展的宝贵财富，它记录了人类的思想、信仰、价值观、生活习俗、艺术等方面的本质。虽然现代科技带来了很多创新，但非物质文化遗产的保存和保护仍然面临很多挑战。虚拟可视化技术是一种新兴的技术手段，可以通过数字模型、虚拟现实、互动影像等形式来模拟和展示非物质文化遗产的传承和价值，实现其保护和传承的目的。

使用虚拟可视化技术来保护和传承非物质文化遗产可以带来许多预期效果。

一方面，虚拟可视化技术可以通过数字化手段对非物质文化遗产进行记录和保存，以避免其遭受日益严重的自然和人为破坏，以及传承之路上可能遇到的历史和文化障碍。此外，这种技术还可以将非物质文化遗产传递给更广泛的受众，增加他们的文化素质和文化认同感，推广文化多样性和保护多元文化。

另一方面，虚拟可视化技术还可以为非物质文化遗产的研究和展示提供更完整的解释和呈现方式。通过虚拟化的展示方式，在不影响非物质文化遗产本身完整性和真实性的前提下，能够使遗产更加生动、细致、丰富。在展示方式上可以借助现代数字技术，摆脱传统展示场所的限制，远程互动、全方位地了解非物质文化遗产的面貌，增强其历史和文化价值。还能更好地突出非物质文化遗产的艺术内涵和审美特色，使人更好地感受到其卓越的艺术之美，增加美的启示和文化的引进。总而言之，虚拟可视化技术对于非物质文化遗产的保护和传承具有巨大的意义，同时也将推动文化事业的发展和文化多样性的保护，可以为学者和历史研究机构提供更多的可视化数据资源，有助于展示、分析和研究非物质文化遗产的历史和文化特征。这样有助于提高研究的效率和准确性。

第五章
非物质文化遗产虚拟可视化保护案例研究

第一节 京剧保护项目

非遗可视化保护方案是一种将非物质文化遗产转化为可视化形式的保护方式。该方案可以通过各种媒介，如数字化技术、虚拟现实、3D 打印等工具，将非遗文化呈现出来，让更多人了解和体验这种文化。

以京剧保护项目为例，非遗可视化保护方案可以采用以下步骤设计。

一、采集数据

收集京剧非遗文化的相关资料，包括音频、视频、图片、文本等，同时也可以收集相关的历史背景、文化内涵和演出技巧等信息。

京剧非遗采集数据可能包括以下方面：

剧目记录：记录京剧非遗剧目名称、分类、演出时长、演员人数、剧情梗概等信息。

演员信息：记录京剧非遗演员的姓名、性别、年龄、职称、经历等信息。

表演技巧：记录京剧非遗表演技巧的分类、特点、传承方式等信息。

器乐乐器：记录京剧非遗所使用的器乐乐器的名称、分类、特点等信息。

剧院场馆：记录京剧非遗演出的剧院场馆的名称、地点、建筑风格、设施等信息。

简谱资源：记录京剧非遗的简谱资源，包括传统纸质简谱、数字化简谱等。

录音录像：利用现代技术记录京剧非遗的现场表演、排练、讲解等活动，以便后续学习和研究。

二、数据转换

将采集到的数据进行数字化处理，包括声音、图像和数据的整理、分类和标注，以便在后续的操作中使用。

将非遗京剧采集数据转换可以分为以下步骤：

数据预处理：对采集的原始数据进行清洗、去除异常值等预处理操作，保证数据的准确性和完整性。

数据转换：将采集的数据转换为计算机可处理的格式，例如将音频转换为数字信号、将文本转换为标准格式等。

数据存储：将转换后的数据存储到数据库中，便于后续的数据分析和应用。

数据分析和处理：对存储的数据进行分析和处理，例如提取音频特征、文本分类等。

可视化展示：将数据的分析结果以图表等形式进行可视化展示，方便用户理解和使用。

非遗京剧采集数据转换需要进行多个步骤，从数据的清洗和转换到最终的可视化展示，需要使用多种工具和技术，如数据清洗工具、数据库管理工具、数据分析软件等。

三、数字化场景建模

利用 3D 虚拟技术，将京剧的场景、角色、服饰等元素进行建模，并进行环境渲染和灯光效果的设计，打造一个逼真的虚拟世界。

数字化重建非遗京剧可以使用三维虚拟技术。首先，收集京剧演员的表演视频和图片。这些数据可以用来创建虚拟角色。其次，使用三维建模工具创建舞台、剧院和舞台背景等场景元素。最后，使用虚拟现实技术将角色和舞台元素合并在一起，创造一个逼真的京剧舞台。如图 3 所示。此技术可以通过虚拟现实眼镜或 3D 显示屏幕等设备进行展示，使观众可以身临其境地观看京剧表演，并提供新的学习和交互体验。数字化重建非遗京剧可以有效地保护和传承京剧文化，并为更广泛的受众提供文化参与的机会。

图 3　虚拟角色及京剧舞台效果

四、交互设计

将京剧虚拟世界设定为互动模式，通过用户界面和手势控制等方式，使观众可以进行交互操作，如选择角色、更换服装、调整音效等，增强用户的参与感。

交互设计是将传统京剧文化与现代交互设计技术相结合的一种设计方法，旨在通过虚拟的交互界面，以更加生动、形象的方式展现京剧文化的魅力，让更多的人能够了解和学习京剧，传承和发扬中华民族的传统文化。

在非遗京剧交互设计中，可以应用多种技术手段，如虚拟现实、人工智能、3D动画、音效设计等，来实现角色的模拟、场景的复原、音乐的演奏等功能。用户可以通过手势、语音、眼神等方式与虚拟界面进行互动，感受京剧的美妙和独特的文化内涵。

例如，可以设计一款虚拟角色扮演游戏，在游戏中玩家可以穿着京剧角色的服装，模拟在舞台上演出的感觉。在游戏里添加剧情推进，让玩家了解京剧故事的情节、人物角色和表演要点等信息。通过这样的设计方法，可以让更多的人感受到京剧的魅力，从而推动京剧文化的传承和发展。

以下是设计思路：

概述：本套利用虚拟现实技术保护京剧文化的互动视频，旨在让更多的观众通过虚拟体验，了解京剧文化的精髓，并保护传承京剧文化。本视频主要包含三个部分：介绍京剧文化、演示京剧唱腔与表演以及互动体验。

介绍京剧文化：此部分包含京剧文化的历史发展、剧种分类、发音口齿技巧等，通过虚拟现实技术的场景再现，向观众展示京剧文化的独特魅力。

演示京剧唱腔与表演：此部分旨在让观众对京剧唱腔、表演有更深入的了解。通过虚拟现实技术的场景再现，让观众身临其境地感受京剧演出的艺术魅力。同时，也通过与实际演员互动的形式，让观众更加深入地了解京剧表演技巧，以及京剧表演的内在秘密。

互动体验：此部分为本视频的亮点，可以让观众真正地体验到京剧文化。观众可以通过虚拟现实技术的互动形式，与演员进行虚拟"对戏"，真正地感受到京剧表演的魅力。通过互动体验部分，不仅可以让观众对京剧文化有更加深入的了解，也可以培养更多的京剧爱好者，完美地传承和保护京剧文化。

总结：此套利用虚拟现实技术保护京剧文化的互动视频，通过虚拟现实技术的场景再现、互动体验等形式，展示了京剧文化的独特魅力，让更多的观众了解和喜爱这一传统文化形式。同时，也可以为京剧文化的传承和保护做出贡献。

五、体验和宣传

虚拟可视化京剧保护项目是一项非常有创意和前瞻性的文化保护项目。这个项目的核心意义是把京剧的演出场景虚拟化，然后借助虚拟现实技术，让人们可以在虚拟的演出场景中欣赏京剧，并且能够更加深入地了解京剧表演艺术的技巧和历史渊源。

在进行体验宣传时，可以采用多种手段，如下：

第一，建立一个线上的虚拟展览，展示虚拟京剧演出场景，同时也介绍京剧的历史和文化背景等相关知识。首先，在虚拟展览的首页，可以放置一段简单的介绍视频，分别介绍京剧的由来、历史和文化背景。其次，可以创建一个虚拟的舞台，让用户通过电脑或手机进入。在舞台上，可以展示各种京剧的场景和演员，比如《霸王别姬》《牡丹亭》等，让用户可以亲身感受京剧的魅力。

在展览中，可以设置不同的主题，比如京剧的舞台布置、服饰、化妆、编排等。用户可以点击每个主题了解更多相关的知识，同时还可以品尝京剧文化所蕴含的深刻内涵和价值观。

为了增加互动性，可以设计一些游戏和问答环节，让用户在交互中更好地学习和了解京剧文化。比如，可以设立一个名人堂，让用户根据提示猜出对应的京剧名角名称；还可以设计一个模拟舞台的游戏，让用户自己扮演京剧演员，模拟上台表演。

在展览中可以设置一个京剧文化交流区，让用户可以在这里分享自己的京剧经验、推荐表演、交流心得等。这样，不仅能够吸引更多的用户参与到展览中来，还可以让用户通过这种方式更好地了解并爱上京剧文化。

第二，在京剧专门的演出场馆里设立一个虚拟现实展览，供观众随时欣赏。

首先，虚拟现实技术可以将观众带入一个全新的虚拟世界，让他们更加深入地了解京剧的历史和文化。观众可以通过虚拟现实设备，在虚拟的剧院中观看不同年代、不同风格的经典京剧表演，感受到京剧的精髓所在。同时，虚拟现实也可以模拟不同地点的京剧演出场景，如戏曲楼、茶馆等，让观众感受到京剧的生活氛围和文化内涵。

其次，虚拟现实展览还可以为观众提供更加丰富的交互体验。观众可以通过手柄或手势控制虚拟人物的动作和表情，或者与虚拟角色进行互动交流，增强观众对京剧的参与感和体验感。此外，虚拟现实技术还能够为观众提供更加自由的参观方式，观众可以根据个人兴趣自由选择欣赏内容。

最后，虚拟现实展览也有着良好的收益效果。京剧展览可以吸引更多观众前来参观，提升经济效益。同时，通过收集观众反馈、数据分析等方式，能够进一步完善虚拟现实展览的内容，提高展览质量。

第三，开放一个虚拟剧院或直播平台，让观众在家中欣赏到精彩的京剧表演，同时也有机会参与其中。

在现代社会，京剧作为中国古典文化的瑰宝，不仅在国内受到广泛的喜爱，而且在海外也有着越来越多的粉丝。然而，由于受限于场地、时间等因素，很多人可能无法亲临京剧表演现场，错过了许多精彩的演出机会。

为了解决这一问题，我们可以开放一个虚拟剧院或直播平台，通过网络技术将优秀的京剧表演直接传输给观众，在家中就能够享受到舞台上的精彩演出。观众可以通过网络购买门票，选取心仪的演出时间和座位，同时，还可以在观看过程中通过弹幕互动与演员、其他观众交流、分享自己的感受。

为了保证观影效果，虚拟剧院或直播平台需要配备高端音响和高清摄像设备，能够准确传递演员的声音和表情，让观众仿佛置身于剧场中。同时，还需要专业的后期制作团队，确保演出的画质和音质达到最佳水准。

为了吸引更多的观众和提升用户体验，我们可以在一些重要的节日和庆典日举行特别的表演，比如春节晚会、国庆庆典等。同时，我们还可以打造京剧文化周，邀请著名京剧演员举行现场表演，并组织一系列京剧相关的活动，如京剧入门课程、座谈会、展览等。

通过这样的虚拟剧院或直播平台，不仅让观众在家中欣赏到京剧的精彩表演，也为京剧的传承和普及做出了一份贡献。

第四，安排媒体进行报道和采访，介绍并宣传这项创新的文化保护技术，展现它的前瞻性和实用价值。

针对创新文化保护技术，应该通过媒体来进行宣传推广，让更多人了解这项技术的前沿性和实用价值。具体来说，可以安排专业媒体、网络媒体、社交媒体等进行报道和采访，通过文字、图片、视频等多种形式，展现技术的原理和运作流程，以及应用范围和效果等，从而引起公众的兴趣和关注。同时，可以邀请专家学者、文化界代表等人士进行解读和评价，提升信息的权威性和可信度。

除了媒体宣传，还可以开展专业讲座、培训等活动，面向行业人士、学生、公众普及相关知识，推广技术应用的理念和方法。此外，可以充分利用新媒体平台，建立技术官方网站、社交媒体账号等，与公众建立互动渠道，发布技术更新、案例分享等信息，提升品牌知名度和美誉度。通过以上多种方式的宣传推广，可以进一步提高文化保护技术的认知度和接受度，为推进文化保护事业做出积极贡献。

第五，参加文化活动和节日庆典，展示虚拟京剧表演，以及介绍京剧的传统文化和艺术魅力。

参加文化活动和节日庆典是人们了解、体验和传承传统文化的重要方式。在这些场合，京剧表演作为中国传统戏曲的代表之一，是重要的表演艺术形式之一，也是展示中华传统文化的重要渠道。

虚拟京剧表演技术的发展，使得人们可以在任何地方，通过手机或电脑等设备观看京剧表演。这对于传统艺术的推广和传承起到了积极的作用，在不同的文化交流和艺术展览中也有广泛应用。通过虚拟京剧表演的形式，可以让更多的人了解、感受并喜爱京剧艺术，也为传统文化的推广和传承提供了新的契机。

同时，京剧作为中国传统戏曲之一，具有深厚的文化底蕴和独特的表演风格，展示了中华民族丰富多彩的文化传统。通过介绍京剧的传统文化和艺术魅力，可以向外国友人展示传统文化魅力，增强了中外文化交流。

因此，在文化活动和节日庆典中展示虚拟京剧表演，以及介绍京剧的传统文化和艺术魅力，是促进传统文化传承，推动中华文化走向世界的重要举措。

综上所述，虚拟可视化京剧保护项目的体验和宣传可以采用多种策略，既可通过线上平台让更多人了解它的魅力，也可通过线下实际演出和活动让更多人去感受和体验它的真正价值。

第二节　传统手工艺虚拟可视化保护：以界首彩陶为例

非遗可视化保护方案是针对传统手工艺等非物质文化遗产项目的保护方案，其主要目的是通过数字技术手段的运用，将非物质文化遗产项目信息化、数字化、可视化，从而加强对文化遗产的保护和传播。以传统手工艺虚拟可视化保护研究为主题，选取界首彩陶为实际研究案例进行探讨。首先，文章介绍了传统手工艺的特点及其文化价值，指出传统手工艺已经逐渐与时代背景脱钩，面临着失传的风险。其次，文章提出了借助虚拟可视化技术来保护和传承传统手工艺的思路，并探讨了虚拟可视化技术在保护传统手工艺方面的应用。最后，文章以界首彩陶为例，探索如何利用虚拟可视化技术对其进行保护和传承。

一、背景介绍

传统手工艺是指在人类社会长期发展过程中形成并世代传承下来的手工艺制造技术和方法，是一种人类智慧的结晶，也是文化传承的载体，具有非常重要的历史、文化和艺术价值。然而，随着时代和社会环境的变化，传统手工艺也面临着失传的风险，许多传统手工艺品已经消失或面临消失的危险。

在这种情况下，如何保护和传承传统手工艺成为一个重要的问题。传统手工艺的保护需要传承人的传承，同时也需要现代科技的支持。虚拟可视化技术是一种新兴的技术，可以将真实的环境和实体以虚拟的方式表现出来，使人们在数字世界中获得身临其境的感觉。虚拟可视化技术可以应用于各种领域，包括文化遗产保护和数字人文等领域。利用虚拟可视化技术，可以将传统手工艺品数字化处理和还原，为传统手工艺的保护和传承提供有效的支持。

界首彩陶是中国历史文化名镇，具有2000多年的历史，传承人口直系传承有

1200多年。作为一个具有代表性的传统手工艺品，界首彩陶的制作技艺源远流长，然而，随着当代工艺品市场的崛起，传统手工艺陷入困境，面临着失传的风险。如何保护界首彩陶这一重要的文化遗产，发扬其文化、历史和艺术价值成为一个非常紧迫和重要的问题。因此，以界首彩陶为例，探索虚拟可视化技术在保护和传承传统手工艺方面的应用，对于传统手工艺的保护和传承提供了新的方案和思路。

二、借助虚拟可视化技术来保护和传承传统手工艺

传统手工艺的保护是一个既需要传统手工艺制造技艺的传承，也需要现代科技的支持的过程。虚拟可视化技术是指将真实的环境和实体以虚拟的方式表现出来，使人们在数字世界中获得身临其境的感觉。这种技术可以应用于各种领域，包括文化遗产保护和数字人文等领域。虚拟可视化技术在传统手工艺保护和传承中具有以下优势。

（一）原样保护

虚拟可视化技术可以对传统手工艺品进行三维扫描、数字化处理和精细的还原，精确地保留手艺人的制造技艺和文化价值，使其被全面地保存，防止真实文化遗产变形和消失；传统手工艺品是人类文化遗产中不可或缺的一部分，它们承载着丰富的文化内涵和历史信息，同时也是艺术、经济和社会发展的重要资源。然而，随着时代的变迁和工业化的发展，许多传统手工艺品的生产逐渐衰落，文化遗产也面临着逐渐消失的风险。

为了保护传统手工艺品，传统的保存方法是将手工艺品放置在博物馆或展览馆中展示，或者进行翻新复制，并将复制品作为展品展示，但这种保存方式有局限性，难以完全保留手工艺人的制造技艺和文化价值。因此，虚拟可视化技术应运而生，可以对传统手工艺品进行三维扫描、数字化处理和精细的还原，实现原样保护。

具体而言，虚拟可视化技术可以通过三维扫描，将手工艺品的形态、纹理、色彩等信息转化为数字化数据，并进行精细处理，使得数字化模型能够高度还原手工艺品的真实特征。同时，虚拟可视化技术还可以实现交互式浏览和远程展览，使得传统手工艺品能够跨越时空限制，向更广泛的观众展示。

综上所述，虚拟可视化技术的应用对于传统手工艺品的保护和传承具有深远意义，不仅可以实现原样保护，还可以将文化遗产活化利用，实现文化创意产业的发展。

（二）多角度展示

虚拟可视化技术可以通过不同的视角，对传统手工艺品进行多角度、全方位的展示，使观众可以深入了解其制作工艺，从而更好地了解文化背景和价值；虚拟可视化技术（如虚拟现实、增强现实等）可以通过三维建模和图像渲染等技术手段，将手工艺品呈现为虚拟的三维模型，为观众提供多角度、全方位的展示。

首先，虚拟可视化技术可以提供多轴视角。传统手工艺品通常是从一个固定的角度来欣赏，观众只能看到其表面的部分。而虚拟可视化技术可以提供多轴视角，使观众可以从不同的视角去观察手工艺品，从而更好地了解其立体构造和细节，例如从不同的高度、角度、旋转等视角观察手工艺品，可以更加深入地了解其中的美学特质和工艺技巧。

其次，虚拟可视化技术可以提供交互体验。传统手工艺品不能进行交互，观众只能一边观察，一边听解说或阅读相关介绍。而虚拟可视化技术则可以利用交互技术，使观众可以主动去探索手工艺品，例如可以放大或缩小观察手工艺品，可以拖动手工艺品的不同部位，还可以与手工艺品进行互动，例如互动展示手工艺品的工艺制作过程。

最后，虚拟可视化技术可以提供虚拟展览体验。通过虚拟可视化技术，观众不必前往现场就可以体验手工艺品展览，节省时间和费用。同时，虚拟可视化技术还可以展示更多的手工艺品和更丰富的资料，满足观众的知识需求。

综上所述，虚拟可视化技术的多角度展示优势可以为手工艺品的传承、推广和文化价值的传播带来更为广泛的影响。

（三）数字传承

虚拟可视化技术可以实现传统手工艺品内部细节的数字化传承，为后续研究提供方便，极大地方便了传承人和学者们研究传统手工艺的历史演变和文化内涵；随着时间的推移和文化的变迁，许多传统手工艺品和工艺技术已经逐渐消失或被遗忘。因此，数字传承已经成为保存和传承传统手工艺品的一种重要方式。

通过虚拟可视化技术，传统手工艺品的内部结构和细节可以被准确记录，包括它们的形状、颜色、质地和使用细节等。这些数字信息不仅可以保存在互联网上供学者和爱好者们使用，还可以被用来制作数字展览和虚拟博物馆，为广大观众提供一个更好的了解传统手工艺品的途径。

以传统陶艺为例，虚拟可视化技术可以将传统的窑炉和陶制品的制作过程记录下来，并将其数字化呈现在屏幕上。这些数字展示不仅可以增加人们对传统文化的了解，还可以为陶艺家和研究人员提供一个更好的研究工具。

总之，虚拟可视化技术为数字传承提供了一个非常有利的平台，可以帮助我们更好地保存和传承传统手工艺品，同时也为我们提供了更广阔的文化发展视角。

（四）交互式探测

虚拟可视化技术还可以以交互的方式呈现传统手工艺品，使观众参与其中，了解其制作过程和材料选择，更好地品味和欣赏其美学价值。交互式探测是虚拟可视化技术的重要应用之一。通过交互式探测，观众可以参与到呈现传统手工艺品的过程中，了解其中的制作过程和材料选择，从而更好地理解其美学价值和文化内涵。同样，交互式探测也为陶艺制作和传承提供了新的思路和方式。

比如，在界首彩陶的传统制作过程中，交互式探测可以将观众带入一个虚拟的制作场景中，让他们参与到制作过程中。观众可以通过交互式探测的方式，了解制作工具的使用，选择材料的重要性，体验形状和颜色设计等。这样，观众可以更深入地了解传统技艺中的各种技巧和决策。

通过这种方式，交互式探测不仅可以帮助观众更好地了解传统手工艺品的制作过程，还可以为陶艺家提供一个更好的教育和培训平台。观众可以在虚拟制作场景中学习到制陶的技术和工艺，从而更好地掌握传统制陶的技巧和知识。

综上所述，交互式探测是虚拟可视化技术的重要应用之一，通过该技术，我们可以更好地了解传统手工艺品的制作过程和美学价值，也为传承和发扬民间艺术奠定了重要的基础。

三、互动视频设计方案

传统手工艺是中国传统文化的重要组成部分，是我们民族文化遗产的重要代表。虚拟可视化的技术手段可以将这些传统手工艺的制作过程和特点形象地展示出来，帮助人们更好地了解、学习和保护传统手工艺，同时也有利于推广传统文化。

界首彩陶是安徽省界首市的一项传统手工艺，其制作历史悠久，技艺精湛，成品精美绝伦。通过虚拟可视化的手段对界首彩陶进行保护和传承，不仅可以让更多的人了解界首彩陶的制作过程和特点，还可以为界首彩陶的传承和发展提供有力的保障。

基于传统手工艺虚拟可视化保护的目的，我们提出以下设计方案：

(一)制作虚拟展览

利用虚拟展览的形式,通过 3D 建模技术、全景拍摄及视频制作等手段,将界首彩陶的制作流程、特点、历史背景等内容呈现给观众。观众可以通过虚拟展览系统进行互动操作,自由地探索、观看、学习和了解界首彩陶。制作虚拟展览是保护和传承传统手工艺的重要手段之一。在制作界首彩陶虚拟展览时,我们可以利用 3D 建模技术,对界首彩陶的特点和制作过程进行模拟,并通过全景拍摄和视频制作,将界首彩陶的历史背景、文化内涵、制作流程等内容全面呈现给观众。

观众可以通过虚拟展览系统进行互动操作,自由地探索、观看、学习和了解界首彩陶。具体来说,我们可以设置多个展览区域,包括介绍、分类、制作技艺等,让观众可以根据自己的兴趣和需求进行选择和浏览。

在展区介绍中,我们可以布置一张地图或模型,将界首彩陶的分布情况和历史背景简单展示出来,同时配以文字、图片和音频等多种形式,让观众对界首彩陶的历史和特点有一个初步的了解。

在分类展区中,我们可以将界首彩陶按照不同的类别进行展示,包括色彩、器型、纹饰等种类。观众可以通过点击不同的展品,看到其具体的制作过程和特点等内容,也可以查看展品的详细介绍和历史渊源。如图 4a 所示。

图 4a 展品的详细介绍和历史渊源展示

在制作技艺展区中,我们可以通过 3D 建模技术,将界首彩陶的制作过程进行模拟,并配以视频和音频的形式呈现给观众。观众可以自由探索和观看,也可以进行互动操作,比如调节制作速度、拍摄照片等,让观众更好地了解和掌握传统手工艺的制作技艺。

虚拟展览不仅是对传统手工艺保护的一种手段，也是一种推广传统文化、宣传旅游的重要方式。通过高质量的虚拟展览，可以让更多人了解和关注传统手工艺文化，为传承和发展传统手工艺文化提供有力的支持。

（二）结合游戏元素

在虚拟展览中添加一些游戏元素，比如隐藏任务、寻宝游戏等，增加观众的参与度和趣味性，同时也可以让观众更好地了解界首彩陶的特点和制作过程。在虚拟展览中添加游戏元素，可以让观众更好地参与其中，提高观众的参与度和趣味性，同时也可以让观众更好地了解界首彩陶的特点和制作过程。

比如，我们可以设计一些隐藏任务，让观众在虚拟展览中寻找特定的结果或品种。这些隐藏任务可以是一个小彩陶作品，只有在找到并点击它后才能进入下一站，并获得奖励。这样的设计可以增加参与度和趣味性，让观众在寻找过程中更全面地了解界首彩陶的不同种类和特点。

另外，我们也可以设计一个寻宝游戏。在界首彩陶的虚拟空间中，我们可以隐藏一些宝藏，这些藏宝点可能藏在展区的角落、巷子里、建筑物里等各种不同的地方。观众需要通过一系列的提示和线索，寻找到所有的宝物，完成寻宝任务并获得奖励。这样的设计不仅增加了观众的趣味性，也可以让观众更好地了解界首彩陶制作的过程和特点。

此外，我们还可以通过虚拟互动游戏的方式，让观众更深入地了解一些具体的制作过程和技巧。比如，在制作技艺展区中加入一些互动性很强的游戏，比如用手摸土、选陶型等，这样可以增加参与度和互动性，让观众更好地感知制作者的心路历程。如图4b所示。

总之，游戏元素的增加可以让观众在虚拟展览中更全面地了解界首彩陶的特点和制作过程。这样的设计既增加了观念的趣味性和互动性，也能让观众得到更加深入的体验和认知。

（三）打造虚拟制作工坊

利用虚拟现实技术，模拟真实的制陶场景和制作工具，让观众在虚拟环境中亲身体验制作界首彩陶的过程。观众可以通过手部动作等方式进行互动操作，完成制陶的过程，体验传统手工艺的魅力。打造虚拟制作工坊，可以更好地让观众亲身体验制作界首彩陶的过程，感受传统手工艺的魅力。通过利用虚拟现实技术，模拟真

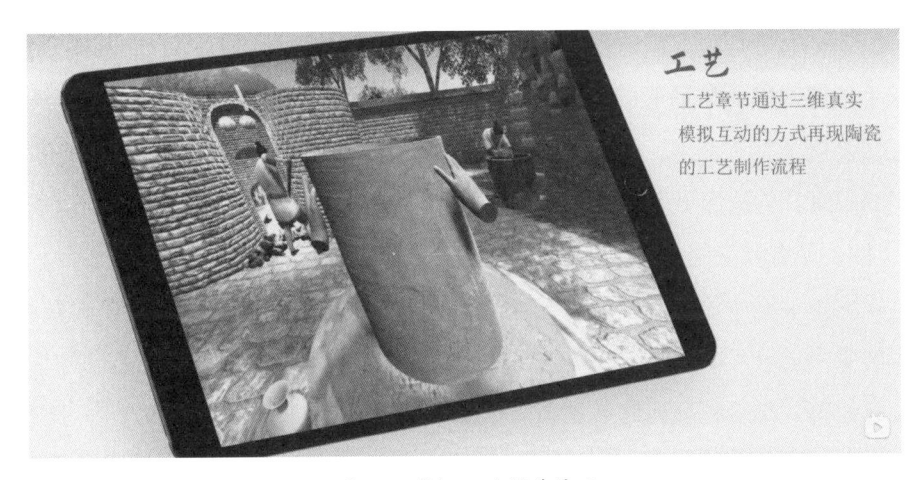

图 4b　虚拟互动制作展示

实的制陶场景和制作工具，让观众在虚拟环境中进行互动操作，在制陶过程中获得更加深刻的体验和认知。

具体实现的方法如下：

首先，需要利用虚拟现实技术模拟真实的制陶场景，建立一个真实的制陶工坊。在这个虚拟工坊中，观众可以看到真实的制作场景，包括陶艺工具、窑炉、原材料等。同时，利用虚拟现实技术，可以让观众身临其境地感受到陶艺的魅力。

其次，需要实现互动操作。观众可以通过手部动作等方式进行操作，完成制陶的过程。比如，在虚拟工坊中，观众可以通过虚拟手抓取陶坯，在陶盆上揉捏，完成捏制的过程。此外，在烘制的过程中，观众也可以模拟点燃炉火，将陶坯放入窑炉中进行烘烤，感受制陶过程的高温炼制等。

最后，需要提供相应的反馈系统，让观众得到及时的反馈。在虚拟制作工坊中，如果观众的操作不正确，系统会提示操作不正确，并提供相应的纠正方法。在制陶过程中，为了保证观众的安全，可以提供相关的安全指导，避免观众在虚拟环境中做出错误的操作。如图 5 所示。

图 5　漫游展示

总之，通过打造虚拟制作工坊，可以让观众充分体验到制陶的全过程，感受到传统手工艺的魅力与创造的乐趣。同时，通过虚拟现实技术的运用，不仅可以让观众感知制陶的手工艺术，还能够与现实情境相结合，打破传统的制陶方式和时间与空间的限制，创造出更多的可能性和变化。

（四）结合社交网络

在虚拟展览中添加社交网络元素，比如群组、讨论区、微博等，让观众可以在虚拟展览中进行互动交流和分享。观众可以在社交网络中交流学习经验、分享感受、留言评论等。结合社交网络元素，可以使虚拟展览更具互动性和社交性，让观众可以在虚拟展览中进行交流、分享和学习。以下是具体的实现方法。

添加群组功能：为观众提供群组功能，让他们可以建立交流群、学习群、分享群等。群组功能可以让观众在共同的话题下进行交流和讨论，分享相关的故事和体验。比如，可以建立陶艺学习群，让观众可以在群内互相交流学习心得和技巧等。

添加讨论区：讨论区可以让观众在虚拟展览中互相交流想法和建议。观众可以在讨论区提出自己的问题或者谈论自己的看法，引发其他观众的回应。同时，展馆管理员可以在讨论区中为观众提供相关的知识和回答他们的问题。

添加微博功能：微博功能可以让观众在虚拟展览中进行分享。观众可以将自己在展览中的体验和感受分享到自己的微博中，让更多的人了解到展览的内容和特色。此外，展馆管理员还可以在微博中发布最新的展览动态和相关的活动信息。

添加留言板：留言板可以让观众在虚拟展览中进行评论和反馈。观众可以在留言板中留下自己的建议和评价，展馆管理员可以根据观众的反馈及时进行调整和改进。

结合社交网络元素的优点在于增强了观众的参与度和互动性，让观众能够进行交流和分享，进一步加强了展览的互动性和社交性。例如，在社交网络中交流学习经验、分享感受、留言评论等，可以让观众之间互相学习和交流经验，促进观众之间的交流和互相学习。同时，将体验分享到微博中，可以让更多的人了解到展览，进一步扩大了展览的影响力。因此，结合社交网络元素是非常有利的虚拟展览互动设计方案。

（五）完善用户反馈系统

建立完善的用户反馈系统，收集观众对虚拟展览的意见和建议，以便进一步改进和完善虚拟展览的内容和功能。建立完善的用户反馈系统是一个极为重要的考虑因素，这样不仅可以收集使用者的反馈和意见，更重要的是能够不断地完善、优化虚拟展览，使其更具参与性、趣味性和吸引力，更好地满足观众的需求。以下是具体的实现方法。

提供多种反馈渠道：虚拟展览应该为观众提供多种反馈渠道，比如邮件、在线咨询、电话、留言板等，方便观众随时随地反馈。为了方便观众报告问题，展馆管理员还应该提供具体的报告说明，更详细地了解观众的需求和问题。

及时回应反馈：展馆管理员应该及时回应观众的反馈，解答他们的问题并采纳他们的建议。在反馈结束后，应该再次联系观众，了解他们的进展情况，并根据需要调整展览的内容和功能。

收集分析数据：展馆管理员应该定期收集反馈数据，并根据问题的措施调整展览的策略，从而优化虚拟展览的展示方式。同时，展馆管理员还可以在反馈数据中查看观众对展览活动和展品的反应，以便更好地了解观众的需求和兴趣，以及对不同观众的反应方法。

主动征求意见：展馆管理员可以主动征求观众的意见，邀请他们参与在线调查和讨论，询问他们的意见和体验，并制订相应的反馈计划，促进在线社区的发展。

总之，建立完善的反馈系统是完善虚拟展览的关键步骤之一，主要是通过深度了解观众需求，修正展览过程中的缺陷，提高观众的满意度，并将反馈信息转化为有用的数据，以便优化展览。因此，建立完善的反馈系统应该是所有虚拟展览互动设计的必要方案。

通过以上设计方案，可以将传统手工艺虚拟可视化保护与现代科技手段相结合，利用虚拟展览、游戏元素、虚拟制作工坊、社交网络等手段，将传统文化带入现代化的环境中，让更多人了解、传承和发扬传统手工艺文化。同时，也有助于推广和传播传统文化，让更多的人了解和喜爱中国传统手工艺。

四、总结与展望

本节以界首彩陶为例，介绍了传统手工艺虚拟可视化保护的互动设计方案。该方案包括了虚拟展览的设计、3D建模、互动交互等方面。有效地利用了现代科技手段，将传统手工艺的文化内涵和审美价值通过虚拟手段呈现给更多的人。通过该方案，观众可以在虚拟展览上近距离欣赏界首彩陶的细节和色彩，了解到更多陶器的制作和历史知识。同时，可以将该方案拓展到其他传统手工艺品保护领域，更好地传承传统文化，促进传统手工艺品的发展。

传统手工艺品虚拟可视化保护是一项具有广阔前景的工作，可以通过数字化技术更好地保存和推广传统文化。以界首彩陶为例，未来应该进一步完善虚拟展览的功能和互动设计，提高用户体验。同时，可以将虚拟展览结合在线教育和观众互动等手段，进行更深入有针对性的传播和推广。此外，在后续的工作中，还可以将虚拟展览扩展到其他传统手工艺品的保护和推广，借助海量的大数据分析，更好地帮助传统手工艺品的发展和流传。

总之，我们应该始终保持对传统手工艺品文化的传承和发展的关注，利用现代技术手段更好地保存和推广文化遗产，为后人留下更为珍贵的财富。同时，未来保护传统文化的工作也仍需不懈努力，不断创新，为文化保护和发展提供更加有价值的思路和方法。

第三节　重庆合川钓鱼城范家堰南宋衙署遗址虚拟可视化保护

随着时间的推移和人类文明的发展，我们的世界上留下了许多古老的文化遗产和非物质文化遗产，作为我们宝贵的文化财富，需要得到好的保护和传承。虚拟可视化非遗遗址保护是一种新的保护方式，它利用现代技术手段，使得我们可以在保护文物的同时，保留文物历史痕迹的真实性，从而更好地传承和弘扬非遗文化。

虚拟可视化非遗遗址保护包括虚拟重建和虚拟保护两种方式。虚拟重建是通过三维建模技术和虚拟现实技术，还原非遗遗址的历史场景和环境，让人们能够深入了解和感受文化遗产的过去和现在。虚拟保护是通过数字化技术和数据分析，对非遗遗址进行监测和管理，保护非遗遗址的完整性和安全性。

虚拟可视化非遗遗址保护可以给我们带来许多好处。首先，它可以提高非遗遗址的保护效率和安全性，将传统的文物保护实现数字化、信息化、科学化。其次，虚拟可视化非遗遗址保护可以让更多人深入了解和感受到非遗文化的独特魅力，促进非遗文化的传承和弘扬。最后，虚拟可视化非遗遗址保护还可以支持研究和开发工作，帮助我们更好地理解和保护文化遗产，推动文化创新和发展。

虚拟可视化非遗遗址保护是一种强大且可持续的保护方式，正在成为文化遗产保护领域的新趋势。我们应该推动数字文化技术的应用和创新，加强非遗遗址的保护和传承，让这些宝贵的文化财富留存于世，并在未来得到更好的传承和发展。

虚拟现实技术正逐渐成为非遗遗址保护的新手段。虚拟现实技术可以实现非遗遗址数字化、模拟重建和可视化呈现，从而更好地探究文化遗产的内涵，促进非遗遗址保护与传承。

非遗遗址虚拟保护项目指利用现代科技手段，通过数字化技术对非物质文化遗产所在的遗址进行保护与传承。该项目的主要目的是通过虚拟现实、三维建模等技术手段对非物质文化遗产进行数字化保护，使得人们可以在虚拟空间中了解和感受到非遗的历史、文化和艺术价值，同时也为非遗的传承保护提供更好的展示平台。

该项目的具体操作流程包括：首先，选择需要保护的非遗遗址，并对其进行实地勘察、资料收集和数字化处理；其次，利用虚拟现实技术将遗址模拟出来，再通过三维建模技术加工完善，形成一个具有真实感的数字影像；最后，在网站、App、体验馆等平台上开辟非遗遗址虚拟保护专区，让人们可以通过网络、终端设备等渠道自由浏览，欣赏、了解和学习非遗文化遗产知识，促进非遗文化的传承与弘扬。

一、选题背景及研究的意义

（一）选题背景

合川钓鱼城范家堰南宋衙署是一处历史悠久的遗址，位于重庆市合川区范家堰镇。该遗址建于南宋时期，大约有 800 年的历史，曾经是当地的政治、经济和文化中心。然而，由于历史原因和自然灾害的影响，这个遗址目前已经严重破坏和损失，需要进行保护和修复。

为了更好地保护和传承这一珍贵的文化遗产，建立一个真实、多维、可互动的虚拟可视化模型成为重要的需求。该模型不仅可以帮助人们更好地了解和体验这一历史遗址，而且可以提供不同的视角和交互方式，为学术研究和教育培训提供新的资源和工具。因此，开展"重庆合川钓鱼城范家堰南宋衙署遗址虚拟可视化保护"的研究具有重要的意义。

（二）研究的意义

该研究的主要目的是探讨如何利用计算机技术和虚拟现实技术进行文化遗产保护。具体来说，研究将关注以下几个方面：

设计一个真实且可互动的三维模型：该模型能够还原遗址最贴近真实的样子，观众可以通过虚拟现实技术"身临其境"地感受它的历史文化价值。

考虑遗址信息的多样性和多维性：本研究将设计一种基于互联网技术和数据库

的信息管理系统，方便对于遗址历史和文化信息的整合、存储和管理，同时研究如何利用该系统在虚拟城市中显示出遗址的不同历史阶段及文化内涵特征。

探索虚拟可视化技术的应用：将探索如何利用现有的虚拟现实技术，如头戴式显示器（HMD）、全息显示屏幕（Hololens）等，实现虚拟可视化技术在文化遗产保护中的应用，拓宽了虚拟现实技术在文化遗产领域的应用，为本领域的发展提供了新的理论及实践基础。

综上所述，"重庆合川钓鱼城范家堰南宋衙署遗址虚拟可视化保护"的研究不仅有利于该遗址的保护和传承，同时对于推进文化遗产数字化技术研究、文化产业的发展也具有重要的意义。

二、研究目标和方法

（一）研究目标

该研究的主要目标是基于虚拟可视化技术，设计和实现一个真实、多维、可互动的合川钓鱼城范家堰南宋衙署遗址保护模型，以全面展示这一历史文化遗址的价值和内涵，同时探索虚拟可视化技术在文化遗产保护中的应用，提供一种新的资源和工具，更好地保护这一珍贵的文化遗产，实现传承与发展。

（二）研究方法

为了实现研究目标，本研究采用如下方法：

数据采集和处理：收集和整合遗址的历史和文化信息，包括图书、文献、影像和实地勘查等。

三维建模技术：利用三维建模软件对钓鱼城范家堰南宋衙署遗址进行还原和复原，包括建筑质地、色彩、纹理等多个方面的模拟。

虚拟现实技术：利用头戴式显示器（HMD）、全息显示屏幕（Hololens）等虚拟现实技术，实现虚拟城市中的真实感体验和可互动性交互。

可视化系统设计和实现：设计并构建一个基于数据库和互联网技术的信息管理系统，为虚拟模型提供支持和依托，提供一种可视化的操作界面（UI）和数据可视化的展示方式，从而更好地推进相关的学术和应用研究。

基于实践和反馈的不断改进：通过对虚拟可视化模型的使用和测试，以及用户的反馈和意见，不断完善和改进虚拟可视化技术在文化遗产保护中的应用。

通过上述研究方法的综合运用，本研究旨在实现对于合川钓鱼城范家堰南宋衙署遗址的优化保护，同时推进了虚拟可视化技术在文化遗产保护领域的发展，具有很高的应用价值和推广意义。

三、合川钓鱼城范家堰南宋衙署遗址的历史和文化

（一）钓鱼城范家堰南宋衙署遗址

钓鱼城位于重庆市合川区东城半岛的钓鱼山上，西距合川城区约5千米。在13世纪宋蒙（元）战争中，钓鱼城为宋廷川渝山城防御体系的"八柱"之一，地势险要、控扼三江，婴城固守卅六载，创造了以山城设防击败蒙元铁骑的奇迹。如图6所示。

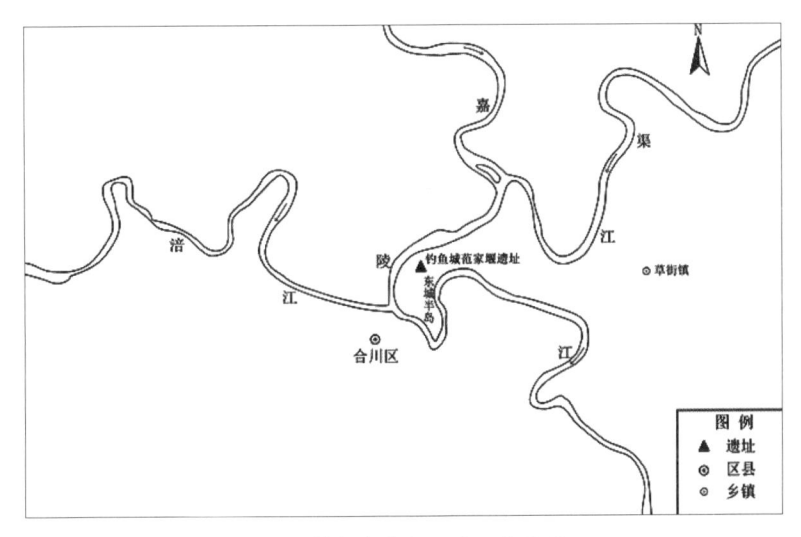

图6 钓鱼城范家堰遗址位置图

范家堰遗址位于钓鱼城西部二级阶地上，地处弧形山坳地带，背山面江，地势西北低、东南高，呈四级阶梯状分布。2017年8月至2018年4月，重庆市文化遗产研究院对范家堰遗址开展了第四次主动性考古发掘，发掘面积3000平方米，新发掘清理各类遗迹59处，补充清理前三次考古发掘揭露的遗迹46处，出土器物标本644件。如图7所示。

遗址分为办公区和园林区。办公区由围墙、中轴线建筑群、附属建筑三部分组成；园林区以大水池H1为中心，环绕分布有门屋、景亭、台榭、截洪沟、券顶涵洞等。衙署办公区平面近凸字形，长110米、宽34—72米、高差22米，面积7000余平方米，方向320°。外部以夯土包石墙围合，长308米、宽1.4—3米、残高0.5—

图7 遗址全景及周边环境（俯视）

图8 衙署建筑布局（俯视）

3.2米。内部以府门—中院—设厅—后堂为建筑中轴线，轴线两侧分布有各类附属建筑。如图8所示。

中轴线建筑群为一组四进院落，从前至后分别为府门、中院、设厅、后堂，以踏道、甬道相连。府门F18为面阔五间、进深三间、前后设廊的歇山顶建筑；中院F29为三合院，入口为仪门，左右为前厅、厢房及廊庑，天井四角发现八角形基座，可能与戒石亭有关；设厅F15是中轴线主体建筑，前有月台，为面阔五间、进深四间、前后设廊的庑殿顶建筑，房内部分可见金砖墁地；后堂F43面阔五间、进深三间，与设厅之间有两个长方形景观水池H26、H27，沿中轴线对称分布，池壁可见石雕神兽及莲花纹镂空排水孔。附属建筑位于中轴线建筑群的左右两侧台地，清理揭露10座，较为重要的有后堂右侧的地下暗室F47，石构拱券门保存完整，中院左侧F55，可能与祭祀活动有关。园林区位于办公区左侧，平面形状近梯形，长约120米、宽32—52米，面积约4000平方米，以面积约1400平方米、容积逾4000立方米的大水池H1为中心。H1西部、南部靠山体侧环绕长86.3米、残宽2.2米、深2.1米的截洪沟，北部拦水坝长85.2米、厚20.7米、残高5.2米，坝上西端设门屋，中部、东部建有大型台榭、景亭等建筑。衙署建筑的蓄排水系统保存极为完好，有明沟、暗沟、蓄水池、沉砂池等，纵横交错、上下分层。如图9所示。

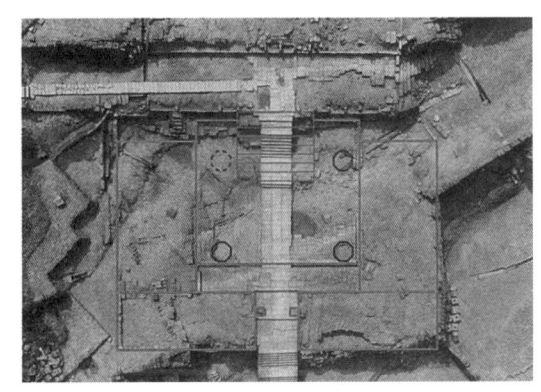

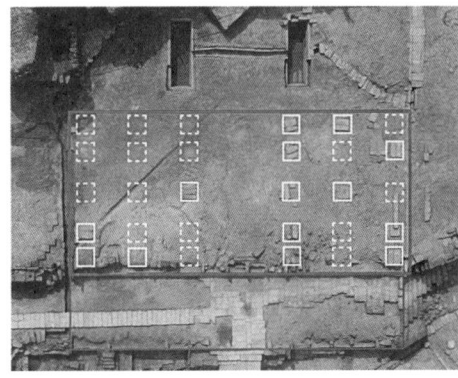

图9　府门F18（俯视）和中院F29（俯视）图

范家堰遗址规模宏大、布局规整、轴线清晰、性质明确，是国内罕见的经过大规模考古发掘、保存极其完整的宋代衙署遗址。其规格形制、空间布局与南宋《平江府图碑》《景定建康志》所绘衙署建筑高度吻合。结合钓鱼城遗址南一字城、古地道既往考古发现及堪舆地望、空间分析，应为《宋史》、万历《合州志》所载淳祐三年（1243），四川制置使余玠纳播州二冉之策修筑钓鱼城时所徙合州州治。

范家堰南宋衙署遗址是钓鱼城的政治军事中心，符合中国传统衙署建筑规制的同时又具有鲜明的山地城池特色，丰富了中国宋元时期都城以外的城市考古资料，为我国宋代城址与衙署建筑、古代园林及宋蒙（元）战争史提供了珍贵的实物遗存。园林区的大水池规划科学、设计精妙，引、蓄、灌、排有机一体，填补了宋代山地大型水利工程考古发现的空白，是宋代城市规划思想、水利营造技术的真实反映。

遗址出土的铁雷片口、底、身及铸造痕迹完整清晰，为上下合范法铸造，经初步检测为白口铸铁，内填火药，是世界中古史火器与冷兵器并用时代开创阶段的珍贵见证，并为元宪宗蒙哥败亡钓鱼城的学界争议提供了新的线索。

范家堰遗址与既往发掘的水军码头、南一字城、九口锅、山顶环城等遗址共同构成了钓鱼城山、水、城合一的城防系统，作为宋蒙战争山城防御体系"皇冠上的明珠"，为钓鱼城申报世界文化遗产提供了强有力的支撑。虽然在历史的车轮中已经逐渐被湮灭，但是也是非常值得去研究并且铭记的。

（二）钓鱼城范家堰南宋衙署遗址的历史和文化价值

钓鱼城范家堰南宋衙署遗址（以下简称"范家堰遗址"）位于中国重庆市合川区范家堰镇鸡冠山麓，是一处南宋时期的官府建筑。该遗址距今已有800年的历史，曾是当地的政治、军事、经济和文化中心。该遗址占地面积27000平方米，是一处形制独特的古代官方建筑，有着重要的文化历史价值。

钓鱼城范家堰南宋衙署遗址全长约300米，遗址内现存建筑多为砖木结构，包括官衙、兵房、书院、寺庙、城墙等几部分。官衙建筑分前后院，共68间厅房，是范家堰遗址中保存最完整的建筑之一。官衙大门雄伟，门额上书"仁寿二年"，高大的石狮镇守在门前。文献记载，南宋政府在范家堰设立了刺史、太守、知府等官署，这里也是南宋时期的"川东重镇"。

范家堰遗址有着较高的历史、文化和艺术价值。首先，范家堰遗址建于南宋时期，是中国传统文化的重要组成部分，是南宋时期的行政、经济、政治、文化中心，见证了中国古代社会地方政治制度的变迁和南宋时期中央与地方关系的发展。其次，范家堰遗址建筑的特点与风格，展示了南宋时期官方建筑的规范和体系，是研究我国官方建筑艺术和古代城市发展史的重要资料。最后，范家堰遗址还是研究中国古代城市规划和园林设计的重要现存实物，如范家堰的园林，依然石植盎然，曲径通幽，别致奇雅。

因此，范家堰遗址是具有重要历史、文化和艺术价值的文化遗产，应予以保护和传承。同时，通过虚拟可视化技术的应用，在更好地保护遗址的同时，也有可能为学术研究、文创产业的发展和社会公众的传承教育等提供新的资源和工具。

（三）钓鱼城范家堰南宋衙署遗址的保护现状和问题

钓鱼城范家堰南宋衙署遗址（以下简称"范家堰遗址"）在长期的历史沉淀和自然因素的影响下，目前存在较为严重的保护问题。主要的问题如下：

遗址建筑物的老化和破坏。长期以来，范家堰遗址的建筑物一直面临自然风化和人为破坏的压力。其中官衙建筑物的老化、木材腐烂问题最为严重，导致建筑物的完整性和稳定性变差。

规划内涝、水土流失等地质灾害问题。范家堰遗址周边的山坡及河道，在长期的排水不畅和水土流失的影响下，出现了较严重的地质灾害。遗址建筑和土壤也受到了严峻的考验，遗址内部出现了多条暴露的地质断裂带，影响着其安全稳定。

遗址文物被盗、被损等问题。因为范家堰遗址存在历史意义和物质价值，遗址内的文物经常成为盗窃和破坏的目标。遗址管理部门需要加强对文物的保护和管理，避免文物的损失。

缺乏有效的保护措施。目前，范家堰遗址内的保护工作缺乏必要的资金和有效的措施支持。保护建筑最基本的屋顶维护、开发和利用，都需要更多的资金和技术支持。

因此，范家堰遗址面临的保护问题比较严峻。为了更好地保护这一珍贵的文化遗产，需要制定细致周全的保护规划，加大资金投入，引导公众参与遗址保护，以保证遗址的长久传承与发展。

四、建立范家堰南宋衙署遗址虚拟可视化模型的设计与实现

（一）数据采集和处理

对合川钓鱼城范家堰南宋衙署遗址的数据采集和处理过程，可以按照以下步骤进行：

采集数据：使用摄像机、激光扫描仪等设备进行数据采集，记录下遗址的三维信息和纹理信息。采集数据是进行虚拟可视化的第一步，对于采集的精度和质量将直接影响后续的虚拟可视化效果。在采集数据时，可以使用以下设备：

摄像机：采用全景相机或者普通相机进行数据采集，可以使用不同的角度、拍摄方式进行记录。如使用全景相机可以拍摄多张照片组合成全景图像，如使用普通相机可以拍摄多张照片进行拼接重构三维模型。

激光扫描仪：激光扫描仪可以直接获取物体的三维信息，通过扫描仪扫描物体表面进行数据采集，可以获得高精度、真实的三维模型。

在进行数据采集时，应该根据具体情况选择合适的设备和采集方法。针对合川钓鱼城范家堰南宋衙署遗址，可以使用激光扫描仪进行数据采集。采集时，需要考虑以下几个方面：

衍射问题：激光扫描仪扫描时，由于材质和形状的不同，会产生不同程度的衍

射问题。需要根据具体情况调整设备参数，以避免或者减少衍射问题。

数据拼接：使用激光扫描仪进行数据采集时，需要将多次扫描的数据进行拼接，构建起完整的三维模型。这个过程需要用到专业软件进行处理，如 Geomagic、ProScan 等。

光照条件：应尽量确保采集环境的光照条件稳定，以保证每次采集获得的数据一致。

在对数据进行采集和检查后，就可以将采集到的三维数据发送到后续的处理流程进行三维建模和渲染处理。

（二）三维建模

结合采集到的数据，使用三维建模软件进行建模处理，将遗址的不同部分还原成三维模型，包括建筑、庭院、雕塑、文物等。

三维建模是进行虚拟可视化的重要步骤之一，可以将采集到的数据进行进一步处理，构建出真实的三维模型。在对钓鱼城范家堰南宋衙署遗址进行三维建模时，需要考虑以下几个方面：

选择建模软件：市面上有许多三维建模软件可以使用，如 Maya、3ds Max、Blender 等。需要根据自己的需求和熟练程度选择合适的建模软件。

进行粗糙建模：将采集到的数据导入到建模软件中，进行粗糙建模。这一步可以使用简单的形状和模型进行搭建和组合，构建出一个初步的模型。

进行细节加工：对粗糙建模后的模型进行细节加工，添加更多的细节和纹理，使模型更加真实。可以在模型上添加雕刻、贴图、光照等功能，以获得更好的效果。

模型优化：在完成模型后，需要进行模型的优化，以减少模型数据量，提高模型渲染速度和稳定性。

处理互相重叠的模型：在三维建模过程中，可能会出现模型互相重叠的情况，需要针对这种情况进行处理，以避免出现不合理交叉的情况。

完成三维建模后，需要将模型导出为后续的渲染和场景构建使用的格式，如 OBJ、FBX 等。同时，也需要将三维模型导入到场景构建软件中，作为后续场景搭建的基础。

材质分配：为三维模型分配适当的材质纹理，根据实际情况还原出逼真的表面纹理和光照效果，进一步提高模型的真实感。

材质分配是进行虚拟可视化的重要步骤之一，在进行三维建模后，需要为模型添加材质和纹理，以使模型更加逼真和真实。在为钓鱼城范家堰南宋衙署遗址的三维模型分配材质和纹理时，需要考虑以下几点：

材质选择：选择合适的材质进行分配，可以根据具体情况选择不同的材质进行使用，如木材、石材、金属、水泥等。可以通过互联网资源库、纹理制作软件等方式获取适合的材质资源。

纹理贴图：给模型贴上真实的纹理可以提高模型的真实感，通过制作纹理贴图可以更好地还原建筑的细节特征，如砖瓦的纹理、木头的纹理等。建议使用高清晰度的纹理贴图，使材质和纹理更加真实。

光照效果：为模型添加适当的光照效果，可以进一步提高模型的真实感，如添加直射光、散射光、阴影等。可以使用渲染软件自带的灯光和特效，或者手动设置来达到理想的效果。

材质编辑：对材质进行编辑以增强真实感，如在石材上添加石纹或者木纹，或者在金属上添加反光效果等。

实时预览：在进行材质分配前，可以通过实时预览功能预览设计效果，实时修改材质和纹理贴图，以达到更好的效果。

通过上述方式，可以为钓鱼城范家堰南宋衙署遗址的模型分配合适的材质和纹理，使模型更加真实，达到更好的虚拟可视化效果。

场景构建：根据遗址的实际情况，构建虚拟场景，包括建筑、路面、植被和环境等，使观众可以在虚拟的环境中自由穿梭，获得更好的沉浸体验。

场景构建是进行虚拟可视化的最后一步，可以将前面处理完成的三维模型、材质和纹理等元素，组合成一个完整的虚拟场景。在进行钓鱼城范家堰南宋衙署遗址的虚拟场景构建时，需要考虑以下几个方面：

场景规划：制定场景规划，确定场景的结构、大小、场景要素的位置等。可以根据实际情况进行设计规划。

元素布局：将三维模型、材质和纹理等元素，按照一定的布局和排列方式，构建出一个完整的场景。可以结合实际情况进行场景布局设计。

建筑设计：在场景中，建筑是最主要的元素之一，需要对建筑进行设计，还原出建筑本身的外观和结构特征。可以采用三维建模软件或场景构建软件，对建筑进行创建和还原。

环境特效：为场景添加适当的环境特效，如云雾、阳光、风、雨等效果，可以提高场景的真实感，深化观众的沉浸体验。

环境设置：环境设置可以包括路面、天空、水面、植被等。可以根据实际情况和设计需要，结合不同元素进行环境搭建和设置。

场景光照：在构建完成后，可以通过场景光照设置，调整场景亮度和阴暗等来提高场景真实感。如图10所示。

图10 范家堰南宋衙署遗址数字资产图

通过上述方式，可以构建出合川钓鱼城范家堰南宋衙署遗址的虚拟场景，使人们可以在虚拟的环境中自由穿梭，深入了解遗址的历史文化和建筑风貌，获得更好的沉浸体验。

（三）视频制作

将场景动画化，制作生成视频，加上配乐和声音特效，使场景更加生动、具有视听效果，真实还原遗址的历史氛围和建筑风貌。视频制作是进行虚拟可视化的一个重要环节，通过制作生成视频，可以将虚拟场景呈现出来，观众可以通过视频来了解和体验范家堰南宋衙署遗址的历史文化和建筑风貌。视频制作需要注意以下几个方面：

场景选择：根据设计需要和广告宣传等要求，选择合适的虚拟场景进行制作。

视频脚本：制作视频前需要编写视频脚本，确定剧情、音效、音乐等要素，列出制作流程等。

视频制作软件：选择适合的视频制作软件，如 Premiere Pro、After Effects 等，使用软件进行视频编辑、剪辑、配音等制作。

配音和音乐：为视频添加适当的音效和背景音乐，根据视频剧情、场景特点和观众心理等进行创作和选择合适的音效和音乐，提高视频的质量和达到更好的传播效果。

转场、特效和字幕：加入适当的转场、特效和字幕，使视频制作更加精美、生动，凸显重点和亮点场景。

最终渲染：经过以上编辑和制作后，进行最终渲染，生成高质量的视频文件。

通过视频制作的方式，可以将场景动画化，使范家堰南宋衙署遗址的历史文化和建筑风貌更加真实地呈现在观众的眼前。将制作完成的视频分享到网站、社交媒体等平台上，使更多人了解和体验古代建筑文化，传承和弘扬中华文明。如图 11 所示。

图 11　效果展示

（四）数据管理

对采集的数据进行存储、备份和维护，确保数据长期有效，方便数据的再利用和维护。数据管理是对虚拟可视化数据进行存储、备份和维护的过程。其目的是确保数据长期有效，方便数据的再利用和维护。数据管理的具体步骤如下：

数据存储：将采集到的数据存储在服务器或云存储中，包括三维建模数据、影像数据、音效数据等。

数据备份：定期对数据进行备份，确保数据不受意外因素影响而丢失。备份策略可以根据实际情况制定，如每天、每周或每月备份一次。

数据归档：对已经不再使用的数据进行归档，并设定不同的存储等级，以便于未来的调用和利用。

数据维护：对存储在服务器或云平台上的数据进行维护，定期检查是否有数据缺失或损坏，并及时修复和更新。

数据安全：采取安全措施，保护数据不受黑客攻击或数据泄露等威胁，确保数据安全性和隐私保护。

通过对数据进行规范的管理和维护，可以保障数据的长期有效，方便将来的利用和维护。同时，数据管理也可以加强数据安全，以避免数据丢失或泄露带来的风险。

通过以上几个步骤，可以实现对合川钓鱼城范家堰南宋衙署遗址的数据采集和处理，从而实现更好的文化保护和文化传播。虚拟化处理后的遗址可以用于旅游推广、文化宣传等多个领域，对于提高大众对历史文化的认知和兴趣有很好的帮助作用。

五、总结与展望

钓鱼城范家堰南宋衙署遗址作为我国珍贵的文化遗产之一，具有重要的历史、文化、艺术价值。在数字技术迅速发展的今天，虚拟可视化技术成为保护文化遗产的有力手段，可以帮助更多人深入了解和欣赏文化遗产的内涵和价值。本节以重庆合川钓鱼城范家堰南宋衙署遗址为例，介绍了该遗址的虚拟可视化保护方案。通过多种数字技术手段，如三维扫描、建模、动画等，恢复了南宋时期衙署的外观和场景，并提供了多种互动方式供观众体验。虚拟可视化保护方案的实施，有效地保护了遗址，同时也让更多人了解到了中华传统文化的瑰宝。

虚拟可视化保护是文化遗产保护的重要手段之一，未来应该进一步完善虚拟展览的功能和技术手段，提高用户体验和交互性。比如可以将虚拟展览结合在线教育和数字博物馆等手段，进行更有针对性和深入的传播和推广。此外，可利用大数据分析技术对观众行为和反馈进行综合分析，为文化遗产保护和发展提供更为科学和实用的策略和方法。

总之，虚拟可视化保护是一项以数字技术为基础，以文化遗产保护和传播为宗旨的工作，具有很大的推广和发展空间。我们应始终关注文化遗产的保护和传承，注重文化遗产与数字技术的结合，通过数字化手段更好地保存和推广文化遗产。同时，我们也应不断探索和尝试新的方法和手段，为文化遗产保护和传播提供更加科学、实用的策略和方法。

第四节　非遗虚拟展馆设计：以安徽省第一批国家级非遗为例

安徽自古钟灵毓秀、人杰地灵，孕育了丰富多彩的非物质文化遗产，安徽所孕育的重要传统文化有淮河文化、老庄文化、吴楚文化、徽州文化、桐城文化等。截至 2021 年，国家发布第五批非物质文化遗产代表性项目共 185 项，其中安徽省占 11 项，至此安徽省拥有国家级非物质文化遗产 99 项，世界级非物质文化遗产 3 项（木结构营造技艺、宣纸制作技艺、珠算）、省级非物质文化遗产（以下简称"非遗"）项目 479 项；拥有国家级非遗传承人 119 名，国家级非遗生产性保护基地 3 个，省级非遗传习基地 87 个[27]。

非遗文化作为不可再生资源，对于传承历史文化有着重要意义。因此，非遗不应该是展览馆的冰冷物品，同时也不应该是阳春白雪只为少数人欣赏。可触碰、可参与、可传播是非遗文化秉承的传播理念。虚拟数字互动式展馆构建让无论是孩童还是老人在这里都可以通过虚拟数字化进行观赏、互动体验和感知非遗文化的魅力。将非遗文化进行虚拟数字化以实现非遗文化的历史再现，让非遗文化在虚拟数字化中得到"永生"。虚拟数字化技术与非遗文化浸润完美融合，可以让非遗"活"起来、让非遗"用"起来，这样可以让更多的人走近非遗、了解非遗。

一、安徽省非遗虚拟数字互动式展馆研究综述

随着当今科学技术的发展，虚拟数字技术越来越多应用于人们生活的方方面面，在一些地方虚拟数字技术已经被应用到本地非遗文化虚拟数字化展示当中，如青海文化馆、敦煌数字在线展馆、西安民俗文化展馆等都已建立起在线虚拟展馆。通过

网络线上宣传自己地域非遗文化，让不同地域的人们了解自己优秀的传统文化。因此，为了更好宣传安徽省域的优秀非遗文化需要创建非遗虚拟数字互动式展馆，通过虚拟数字互动式展馆能够更好地宣传安徽非遗文化，让更多的人了解安徽非遗文化。构建安徽非遗虚拟展馆之前需要对安徽省域非物质文化遗产现状进行了解，再对安徽省域非遗文化进行分类收集，然后使用计算机软件技术让非遗文化数字化，使其具有虚拟再现、数字互动等方面功能，为此进行虚拟数字互动式展馆的构想可以对提升安徽省非遗文化的保护与传播宣传起到积极的作用。

（一）安徽省非物质文化遗产可视化意义及采集标准建设

2020年新冠肺炎的出现让无数的展馆不得已停止接待参观者，同时展馆也会受到诸多因素的影响需要进行闭馆休整，创建一种随时随地可以展示的虚拟化数字展馆显得尤为重要，为此提出虚拟数字互动式展馆的构想。虚拟数字化展馆构想是把非物质文化遗产随时随地通过数字化展示出来，这需要应用到虚拟数字技术对非物质文化遗产进行拍摄扫描，再通过使用VR技术、三维虚拟动画技术、视觉设计等手段完成数字化展馆展示制作，然后利用互联网、手机等各种平台传播展示虚拟数字化的非物质文化遗产，让其得到有效传播和保护。

虚拟数字化的采集分类是将安徽省域非物质文化遗产数字化保存、管理、虚拟展馆展示给大众的必要前提和基础，虚拟数字化非遗为大众提供方便的了解观赏传承路径，非物质文化遗产可分为两大类，第一类为传统的文化表现形式，如民俗活动、表演艺术、传统知识和技能等；第二类为文化空间，即定期举行传统文化活动或集中展现传统文化表现形式的场所，兼具空间性和时间性。非物质文化遗产的范围包括传统表演艺术；民俗活动、礼仪、节庆；有关自然界和宇宙的民间传统知识和实践；传统手工艺技能；与上述表现形式相关的文化空间[28]。以上分类为国家级粗放型的分类，对于安徽区域可视化分类应用需要把握安徽省域的具体地域范围、具体非遗的演变、安徽省域非遗展示形式（如动态、静态、二维、三维等）、非遗产生时间进行精细的划分。以此建立安徽省域非遗类别，进而逐步构建安徽省域非物质文化遗产虚拟可视化分类的标准和规范。虚拟数字化的采集和分类是安徽省域非物质文化遗产虚拟数字化保护传承首要解决的问题之一。

非遗虚拟可视化数据的储存一般储存在计算机内，可将安徽省域非物质文化数字化后储存数据分为三大部分：第一部分非物质文化遗产虚拟数字化应用于传承与展示；第二部分用于非遗数字化制作、维护及传承者；第三部分用于政府领导决策者。数字化的非遗可以通过各种媒介平台进行发布传播，方便研究者和喜爱者进行非遗信息的浏览；对非遗的数字制作者或维护者是参与数据的录入、主体的设计、视频动画的展示制作等。

（二）非遗虚拟数字展馆的概念

非遗虚拟数字展馆是一种全新的文化展示形式，它使用虚拟现实（VR）、增强现实（AR）三维动画等技术，使用现实技术体验非遗文化，从而深入了解非遗文化的传统文化内涵和历史渊源。数字展馆可以把非遗文化的传统文化表现形式，如传统手工艺、传统文学、传统戏曲、传统舞蹈等，以及传统文化的故事、文化背景等，通过虚拟现实技术进行多维度的展示和体验，让观众深度了解非物质文化遗产，并能够更加深刻地感受到它们的魅力。

二、安徽省非物质文化遗产虚拟数字化互动展馆建设的意义

虚拟数字化非遗展馆构想是顺应现代科技发展与消费需求的新型非遗宣传与开发模式，依托虚拟数字化技术与网络平台，对传播保护安徽省域非物质文化遗产具有重要的意义，它可以为非遗传承人和爱好者提供一个全新的虚拟数字展示和互动平台，让他们可以通过虚拟的方式了解和体验安徽省的非遗文化。增进非遗传承人之间的交流和沟通，更好地传承和发展安徽省的非遗文化。同时，它可以保护安徽省的非物质文化遗产，弘扬安徽省的传统文化，把安徽省的非物质文化遗产展示给更多人，使更多的人了解安徽省的文化历史，增进当地文化的交流，促进当地的经济发展，因而非物质文化遗产的虚拟数字化展馆研究具有以下重要意义。

（一）促进安徽省域非物质文化遗产传播与保护

虚拟互动式数字展馆构建是对安徽省非遗文化的传承、技艺、工序、实物信息等最有效、最经济传播途径，目前非遗传播工作大致停留在初级阶段，主要传播方式还是简单地以视频拍摄、图片、文字记录、实物展示等形式，并没有构建出整体数字化展馆互动式的展示传播方式。为了提高安徽省非遗文化传播的整体水平，提出了虚拟数字化互动式展馆设计构想，在非物质文化遗产实物展馆的基础上，建立非遗传播新的虚拟数字化展馆模式，对于完善非遗文化虚拟数字化传播的理论与实践起到积极的作用。虚拟数字非遗展馆实践应用方面主要使用了当前最先进的三维软件技术（如三维软件 Maya、实景三维制作软件 RealityCapture、虚幻引擎 UE5）对非遗进行虚拟可视化，实现对非遗标准化的虚拟可视化数据采集。

安徽省域非物质文化遗产虚拟数字互动展馆建立，综合三维动画数字技术、虚拟现实技术（UE）、三维扫描建模技术等对非遗文化宣传提供新的方式，从而更好地传播非物质文化遗产。推动非物质文化遗产虚拟数字化展馆建设有利于非遗文化创意产业领域上的运用和发展，丰富非物质文化遗产的数字化产品开发与展示，也为非遗虚拟数字化宣传保护提供参考与借鉴。

（二）推进非遗文化和科技的深度融合

虚拟数字化一方面是对非遗文化遗产的一种保护手段，利用虚拟技术还原不同时期和地域的非遗文化，其传播体验远远优于在缺乏相关知识背景下感触到的非遗文化，可以增强受众对文化背景的理解；另一方面它也能够加强非遗文化数字化转换，建立非遗文化数据库，实现非遗文化资源的有效整合。非遗文化往往存留于社会角落当中，由于过于传统而往往被人们所忽视，每个非遗文化都以独特的个体分布于不同地域，如何将不同时期不同地域非遗文化收集起来进行整体展示给大众这将是值得思考的问题。虚拟数字化的出现恰好可以弥补这一缺憾，将非遗文化与科技紧密结合，利用科技手段推进非遗文化的传承发展。推动非遗文化与科技的创新发展，利用科技手段改进非遗文化活动，提升非遗文化的影响力。因此，虚拟数字化展馆建设在非遗文化宣传与保护当中起到以下几个作用：一是增加了非遗文化的保护形式，由原来的初级数字化向虚拟三维空间数字化转变；二是提升非遗文化互动体验感，虚拟数字化互动式展馆的设计有助于参观者增强互动体验的传播效果；对于非遗文化的宣传与传承来说，虚拟数字化展馆将非遗文化的历史传承、手工技艺、工序流程等虚化的文化进行虚拟可视化，以虚拟互动式展馆方式呈现给大众，让更多人观赏和传承独特的非遗文化，例如可以利用三维动画技术、虚幻引擎（UE5）虚拟数字化技术积极开展非遗文化与科技的跨界融合，将非遗文化与科技紧密结合，利用科技手段推进非遗文化的传承发展。推动非遗文化与科技的创新发展，利用科技手段改进非遗文化活动，提升非遗文化的影响力，有利于大众更为形象感受和体验非遗文化的魅力，让面临非遗传承危机的非遗文化遗产以虚拟数字化的方式延续传承下去。虚拟数字化互动式展馆构想为安徽非遗文化的宣传与保护作出积极贡献。虚拟数字互动式展馆构建可以满足大众近距离观察、互动、沉浸体验非遗文化的魅力，这种多样化的展示模式不仅有效提高了人们对非遗文化的兴趣，也让人们突破时间地域的限制真正地融入非遗文化的魅力当中。

加强非遗文化与科技的技术融合，创作出能够支持非遗文化传播发展的新形式，推动非遗文化的传播发展。非遗文化与科技的交流与合作，促进各方之间的相互学习，实现双方的共赢发展。

三、安徽省非遗虚拟展馆可视化创新设计

（一）安徽省非物质文化遗产类展馆发展现状

目前，安徽省已经建立了多个非物质文化遗产类展馆，以展示和传承安徽传统文化。这些展馆主要分布在安徽省的各个城市，如安庆、黄山、芜湖、淮南、阜阳、淮北、宿州等地。这些展馆的建设主要是由当地政府资助，也有一些由企业捐赠的钱财支持。除了展示传统文化外，这些展馆还在不断开展各种文化活动，如非物质文化遗产保护教育、非物质文化遗产研究、非物质文化遗产展示、非物质文化遗产传承等，以提高大众对安徽传统文化的认知。

2020年安徽省文化旅游厅将依据相关法规制度，编制《安徽省"十四五"非物质文化遗产保护传承行动计划》。安徽作为文化大省非遗文化展示馆基本都还停留在文字展板、实物展示和解说员讲解的阶段，体验者获取非遗展品信息只能通过到达现实中的博物馆、非遗展馆现场了解非遗文化。现场观看体验非遗文化会受到各种因素影响，而且场馆表现形式单一，缺少虚拟可视化互动式展示部分从而不能很好表现非遗文化的内在，以及缺少还原历史的震撼视觉效果。

安徽省非遗文化目前大多以实物、图片、视频的形式展现给大众，如连续举办三届的"长三角城市非遗特展"、2021年举办的"四省非遗联展"等非遗展览。从举办非遗文化展当中不难看出安徽非遗文化的宣传展示具有很大的局限性，它受到地域、时间等限制无法进行集中、长久、互动等形式的展出，无法让大众对非遗文化更深了解和感受非遗文化的魅力。

（二）安徽省非遗虚拟数字展馆创建

当非遗文化遇到数字科技，那将是文化与科技的融合，文化与数字的碰撞。当空间艺术遇到互动式技术，让艺术不再局限于看，更多增加互动式的身临其境的体验。每一次非物质文化遗产精彩亮相，即是人们对技艺之美、匠心之美的再认识，也是感悟中华文脉增强文化自信的身心洗礼。世界上所有的坚持都是因为热爱，非物质文化遗产在传承里创新，在沉淀中升华。

安徽省非遗虚拟数字展馆的设计，将采用VR技术、三维动画技术，将安徽的非遗文化展示给大众。首先，VR技术将提供一种全息投影的体验，通过投影技术，

可以让参观者有一种身临其境的感觉，仿佛置身于安徽的非遗文化之中，让参观者更加深入地了解非遗文化。其次，三维动画技术将提供一种多维度的体验，可以让参观者更加清晰地看到安徽非遗文化，通过三维动画技术，可以让参观者更加直观地感受到安徽的非遗文化。最后，互动技术将提供一种互动的体验，可以让参观者在互动中更加深入地了解安徽非遗文化，更加直观地感受到安徽的非遗文化。

安徽省非遗虚拟展馆大体分为传统手工技艺展区、数字戏曲展区、徽州传统建筑展区三大虚拟展示部分，如传统手工技艺展区以第一批国家级非遗文化"界首彩陶"传统手工工艺作品展示部分，结合三维扫描技术制作出彩陶数字化三维虚拟模型，通过借助虚拟现实技术体验互动式虚拟彩陶手工制作流程，如彩陶的拉坯、雕刻、上釉、烧制，体验者可以全程参与界首彩陶制作工艺全流程，以了解彩陶制作的各个流程。

1. 非遗素材的收集

安徽省域非遗虚拟数字展馆构想，以安徽省内第一批世界级和国家级非遗文化为主，对其进行互动虚拟可视化展示构建。虚拟非遗展馆展示主要是第一批安徽省域世界级非遗文化：徽州传统建筑营造技艺、宣纸传统制作技艺、中国珠算的理论与实践项目。如图12所示。

| 徽州传统建筑营造技艺 | 宣纸传统制作技艺 | 中国珠算的理论与实践 |

图 12　安徽省内第一批世界级非遗项目

第一批安徽省域国家级非遗文化：芜湖铁画制作技艺、徽墨制作技艺、界首彩陶烧制技艺、徽州三雕技艺、万安罗盘制作技艺、歙砚制作技艺、凤阳花鼓、花鼓灯、黄梅戏、池州傩戏、目连戏、泗州戏等项目。如图13所示。

芜湖铁画制作技艺	徽墨制作技艺	界首彩陶烧制技艺
徽州三雕技艺	万安罗盘制作技艺	歙砚制作技艺
凤阳花鼓	花鼓灯	黄梅戏
傩戏	目连戏	泗州戏

图 13　安徽省内第一批国家级非遗项目

　　通过网络与实地非遗展馆探访，使用视频记录探访非遗传承人详细了解非遗文化内涵为非遗文化虚拟数字化做好准备。对于传统手工艺类非遗作品需要拍摄记录非遗传统手工艺的制作过程，同时也需要对其作品进行 360 度拍摄图片，经过大量现场视频、图片、文字等素材收集为构建虚拟数字互动式展馆提供支撑。

2. 数字化创新设计思路

首先，建立一个虚拟的非遗互动空间，其中包括各种非遗文化的介绍、展示和交流；利用虚拟现实技术，让用户可以体验非遗文化，比如可以体验传统技艺、传统戏曲以及传统文化；应用虚拟现实技术，模拟非遗文化传承过程，让用户可以自由学习和实践；其次，利用互动式游戏设计，让用户可以以游戏的形式体验非遗文化，并且可以与其他玩家互动；通过社交媒体，让用户可以分享自己的体验，以及与其他玩家互动；利用移动设备，让用户可以轻松访问虚拟非遗互动空间，并可以随时随地享受非遗文化；利用大数据技术，为用户提供更丰富、更有趣的非遗文化体验，以及更加精准地推荐服务。

具体表现为参观者可以通过使用移动设备平台进入虚拟非遗展馆中，以第一人称的视角（如同在现实当中）参观非遗展馆所展示非遗文化，在参观中可以点击触发展示的非遗，当触发感兴趣的非遗后它的三维动画伴随语音介绍可以让参观者对触发的非遗文化有更具象的了解（包括非遗的数字三维模型、非遗文化发展过程、制作流程等），把非遗文字、图片信息经过数字化处理，将三维动画技术和非遗文化相结合，展示出极具未来体验感的立体动画和语音展示效果，虚拟互动具体实现过程如图 14 所示。

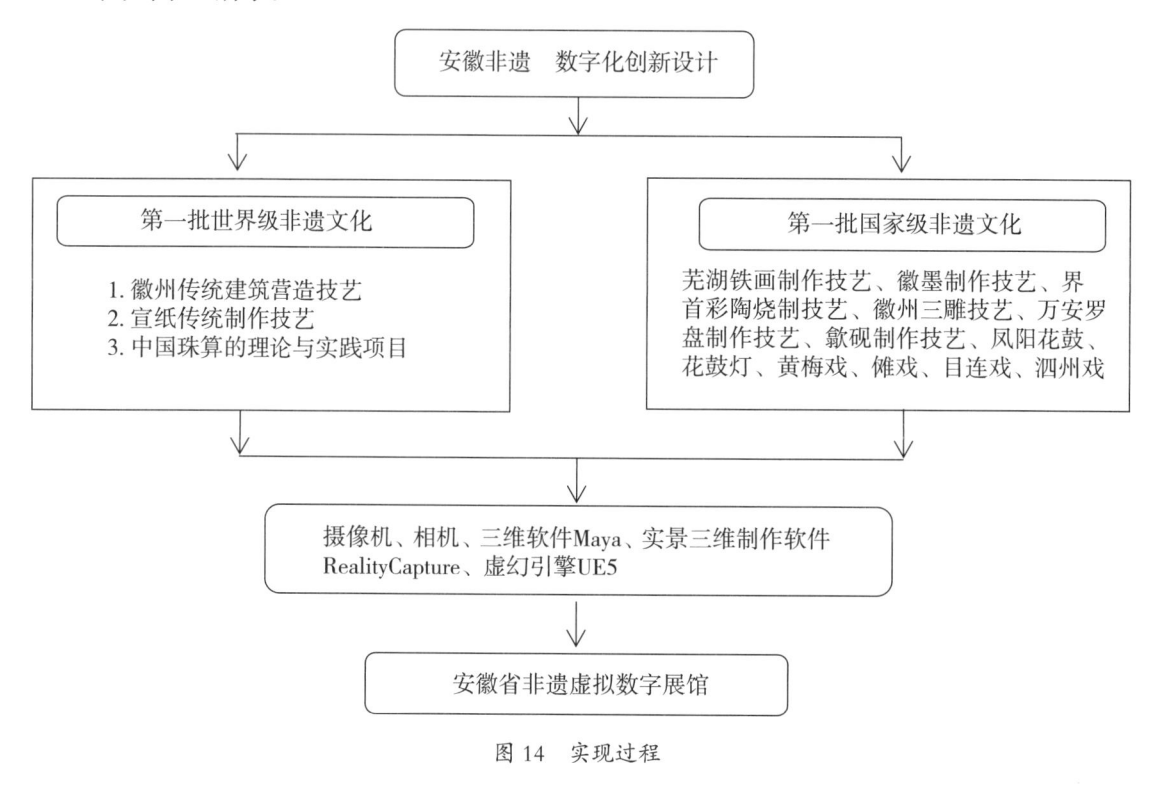

图 14　实现过程

（三）具体案例制作

安徽非遗文化互动展示从呈现形态与历史背景等多重维度出发精选了来自第一批世界级和国家级安徽省域的 15 种非遗文化，以数字化的演绎方式、趣味性的交互体验架构出美学感知、学习娱乐和互动等多个体验层次。结合装置、影像、声音等多种形式构建出数字化互动体验非遗文化的传承、技艺等，本案例制作中将选取安徽省第一批世界级和国家级非遗作为虚拟数字化展馆展示的内容，数字展馆将以互动的方式传达出安徽省非遗文化所蕴含的智与美。

1. 数字展馆空间的搭建与传统技艺展示品的数字化制作

首先，搭建数字非遗展馆空间：通过虚拟现实技术，将传统非遗文化展示空间建模，利用虚拟现实技术模拟出真实的空间，以及模拟出真实的传统非遗文化展示空间的景观，以便游客可以体验到真实的空间感受，如图 15 所示。其次，传统技艺展示品的数字化制作：通过使用相机对传统实物展示品进行 360 度的拍摄，选取 48 张不同角度图片导入 RealityCapture 软件当中，通过 RealityCapture 软件中的 Start 命令把拍摄的实物照片生成三维数字模型后再使用 Texture 命令烘焙出模型纹理贴图，最终构建出带有纹理贴图数字化三维模型，如图 16 所示。通过 3D 扫描 RealityCapture 软件技术，将传统技艺展示品进行数字化。

得到三维数字模型后将数字化模型导入虚幻引擎（UE5）平台中，应用虚幻引擎（UE5）功能设置把非遗展品数字化后导入虚拟展馆中，参观者可以在平台中手指滑动观看非遗展品不同角度。

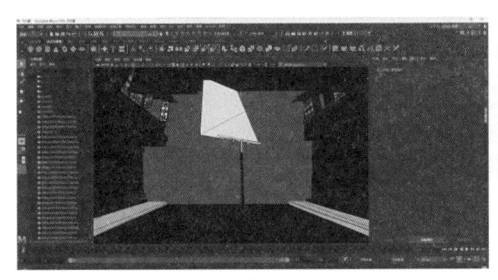

图 15　展馆结构建模　　　　　图 16　实景三维扫描数字模型制作

2. 展馆内非遗传统戏曲数字化

目前，许多非遗传统戏曲虚拟互动数字化项目正在开发和实施。这些项目包括：基于 VR 技术的虚拟戏曲体验，基于 AR 技术的虚拟戏曲表演，基于互联网的虚拟戏曲数字化研究，以及基于云计算的虚拟戏曲数字化展示等。这些项目将为戏曲的传播和发展提供全新的机遇，使传统戏曲更加活跃、更加精彩。

通过虚拟现实技术手段，把传统戏曲的表演形式和内容数字化，把传统戏曲的表演者、舞台、音乐、服装等虚拟成 3D 模型，利用虚拟现实技术，让观众可以互动体验到传统戏曲表演。此外，还可以利用互联网技术，把传统戏曲的表演形式和内容数字化，让受众可以在网络上观看和了解传统戏曲的内容，同时还可以提供虚拟的互动体验，如参与虚拟的舞台表演，参与虚拟的服装搭配，参与虚拟的音乐演奏等。如图 17 所示为戏曲展示区。

图 17　戏曲展示区

3. 最终虚拟互动展馆效果

通过将三维展馆模型和非遗数字化文件导入虚幻引擎（UE5）当中，应用虚幻（UE5 Pico）游戏蓝图进行虚拟数字化互动式展馆开发，将制作的虚拟三维模型导入虚幻引擎库中，使用虚幻引擎（UE5）进行互动式程序编辑完成后再通过虚幻中平台命令下的 windows 内打包命令最终制作出虚拟数字化互动式展馆，展示安徽省第一批国家级和世界级非遗文化,数字化互动式展馆可以让参观者以全景视角互动方式认识安徽省非遗文化,非遗虚拟数字展馆通过场景虚拟还原、三维数字技术、AR感应、视觉影像、虚拟互动技术等为大众提供了可看、可听、可互动,不受时间、地域等因素影响的数字化创新设计数字展馆。如图 18 所示。

图 18 新形式的虚拟非遗展馆

四、本节总结与展望

非物质文化遗产是我国文化的重要组成部分,也是中外交流中的重要载体之一。随着数字化技术的发展,非遗虚拟展馆不仅可以更好地保护和传承这一文化遗产,还可以通过虚拟展览打破地域限制,让更多人了解和体验非遗文化。本文以安徽省第一批国家级非遗为例,介绍了非遗虚拟展馆的设计方案。该方案包括 3D 虚拟展馆的设计和展品的数字化展示,同时结合了互动游戏和直播互动等手段,实现了数字化展览的多样性和趣味性。

非遗虚拟展馆是非物质文化遗产保护和传承的重要手段之一,未来应该进一步完善虚拟展览的技术手段和交互方式,提高用户体验和参与度。比如可以开展非遗数字化收藏和在线教育等活动，增加数字化内容和多元化体验方式。此外，可以将非遗虚拟展馆与可穿戴设备等新技术进行结合，提升虚拟展览的真实感和沉浸性。同时，也应加强数字化技术的研发和应用，建设非遗数字化平台，为非遗保护和传承提供更为全面和深入的支持和保障。

总之，非遗虚拟展馆是一项以数字技术为基础，以非遗保护和传承为宗旨的工作，具有很大的推广和发展空间。我们应加强数字化技术的应用与研发，打造更多的非遗虚拟展馆，实现非遗的数字化保存和传承。同时，也应倡导非遗文化的创新发展，不断探索新的表现方式和手段，为非遗文化的圆梦增添新的动力。

第六章
非物质文化遗产虚拟可视化的应用价值

虚拟可视化技术是一种利用计算机辅助设计、虚拟现实（VR）、三维可视化（Maya、RealityCapture 虚幻引擎 UE5）和图形技术，将非物质文化遗产数据转换为可视化形式的技术。它可以帮助人们以更直观的方式展示、理解和保护非物质文化遗产，虚拟可视化技术可以帮助人们更好地发掘非物质文化遗产的价值。使用虚拟可视化技术，可以更好地收集和整理非物质文化遗产数据，并将其转换为可视化形式，从而更好地发掘非物质文化遗产的价值。本章将从商业价值、文化价值、艺术价值、传承实践教育价值等方面对虚拟可视化技术在非物质文化遗产中的应用价值进行综述。

第一节 商业价值

随着社会的进步和技术的发展，虚拟可视化已经成为非物质文化遗产的一种重要的保护方式。虚拟可视化是指将非物质文化遗产的内容和形式，通过计算机等先进技术，转换成可视化的图像和视频，以便更好地传播和保护文化遗产。

非物质文化遗产虚拟可视化可以产生商业价值，主要包括以下几个方面。

一、旅游产业

将非物质文化遗产虚拟可视化应用于旅游产业，可以帮助游客更好地了解、领略非物质文化遗产的精髓，增强旅游体验和吸引力。随着旅游市场竞争的日益激烈，旅游业需要不断地更新和改善其产品和服务，以满足游客不断变化的需求和期望。在这个过程中，虚拟可视化技术已经成为一个越来越重要的工具。将非物质文化遗产虚拟可视化应用于旅游产业，可以为旅游业带来很多好处。非物质文化遗产虚拟可视化可以帮助游客更好地了解、领略非物质文化遗产的精髓。旅游业是一种文化产品，游客来到一个地方是希望了解更多关于当地文化的信息。虚拟可视化技术可以将非物质文化遗产与现代科技相结合，为游客提供更加生动、直观的文化体验。比如，在许多博物馆和历史景点，已经可以通过虚拟现实技术来还原过去的场景和历史人物，并将其展示在观众面前。这种方式可以使游客更加身临其境地感受历史的沉淀和文化的魅力。

将非物质文化遗产虚拟可视化可以增强旅游体验和吸引力。在旅游市场上，旅游产品和服务的创新是非常重要的竞争手段。虚拟可视化技术可以为旅游业带来更多的灵活性和多样性，使得游客能够选择更加符合自己兴趣和需求的旅游产品。比如，如果游客对某种民族的文化非常感兴趣，但是无法亲临当地体验，那么通过虚拟现实技术，他们可以在家中就能够感受到那种文化的气息和魅力，从而更加深入地了解和感受这种文化。非物质文化遗产虚拟可视化可以为旅游业带来更加可持续和经济效益。在许多地方，非物质文化遗产受到了严重的破坏和损失，如果能够将其虚拟可视化，就可以保护和保存这种宝贵的文化财富，同时也可以为旅游业带来更加经济和环保的发展。虚拟可视化技术可以将旅游产品和服务的价格降低，同时也可以减少对环境的破坏，从而实现更加可持续的旅游发展。

综上所述，将非物质文化遗产虚拟可视化应用于旅游产业具有广阔的发展前景和经济效益，旅游业可以通过不断创新、改善和提高自身的服务质量和水平，为游客提供更加独特、高品质的旅游产品和服务，从而实现更加稳健和可持续的发展。

二、教育培训

将非物质文化遗产虚拟可视化应用于教育培训，可以为学生提供生动、直观的教学资源，丰富课堂内外的教学内容，提高学生的学习兴趣和掌握程度。

将非物质文化遗产虚拟可视化应用于教育培训，有以下几个方面的商业价值：

丰富教学资源

传统的书本知识讲解往往比较枯燥乏味，无法激发学生的学习兴趣，而将非物质文化遗产虚拟可视化，可以为学生带来直观、生动的教学资源，让他们更加深入地了解文化遗产的内涵和特点，从而激发学生的学习热情。

提高学习效果

非物质文化遗产的虚拟可视化应用可以更好地帮助学生理解知识点，对于抽象、复杂的概念或者内容，可以通过多媒体形式进行图像、声音、视频展示，将知识呈现得更为形象化，从而加深学生的印象，提高学习效果。

增加利润来源

将非物质文化遗产虚拟可视化应用于教育培训，可以将其作为一个独特的营销点来吸引更多的客户，为包括学生、老师在内的各类学校和培训机构提供丰富多样的教学资源和工具，增加公司的利润来源。

与现代科技相结合

随着科技的不断发展，尤其是虚拟现实、增强现实等技术的成熟应用，非物质文化遗产的虚拟可视化将成为未来教育培训的重要工具，在教学过程中将更大程度地与现代科技相结合，提升学习效果和体验。

综上所述，将非物质文化遗产虚拟可视化应用于教育培训有着广泛的商业价值，可以为学生提供更为生动、直观的教学资源，也可以为企业带来更多的利润来源。

三、文化传播商业价值

通过非物质文化遗产虚拟可视化的方式，可以把国内的非物质文化遗产向海外传播，打造出符合当地文化和审美背景的非物质文化产品，提高文化影响力和认可度。

随着全球化以及数字化的发展，非物质文化遗产的保护和传承面临着新的挑战。虚拟可视化技术成为重要的保护手段，它将文化遗产数字化、立体化、实现虚拟再现，让人们可以在不同时间、地点、场所、设备中欣赏体验文化遗产。同时，虚拟可视化技术也为非物质文化产品的打造提供了便利。

通过虚拟可视化技术，可以将国内的非物质文化遗产向海外传播，让更多的人了解、认识和喜爱中国文化。例如，利用虚拟现实技术，可以构建出一个立体化的传统剪纸制作过程，让观众近距离感受传统剪纸艺术的魅力。同时，也可以根据不同文化背景和审美取向，量身打造出适合当地人群需求的非物质文化产品。比如，在海外市场推出中国风茶具、民族服装、书画艺术等文化产品，吸引消费者的同时也能增加文化影响力和认可度。

在文化市场化背景下，虚拟可视化技术的应用还可以为非物质文化遗产的商业开发提供助力。例如，可以将文化遗产应用于文创产品、旅游产品、电影电视等领域,为传统文化带来更大的商业价值。

综上所述,虚拟可视化技术对于非物质文化遗产的传播、保护、商业化开发都有着重要的意义。未来,应该进一步加强虚拟可视化技术研究,借助数字化手段,让更多的人了解、热爱和保护非物质文化遗产。

四、科技创新商业价值

非物质文化遗产虚拟可视化需要融合多种前沿科技,包括虚拟现实、人工智能、语音识别等,可以促进技术创新和应用场景多样化,推动科技领域的进步。非物质文化遗产虚拟可视化是一种将传统文化元素通过数字化技术呈现的新型方式,具有多方面的科技创新和商业价值。

非物质文化遗产虚拟可视化的出现标志着数字科技在文化传承方面的广泛应用。通过利用先进的 3D 建模和 VR/AR 技术,可以完整地再现传统文化遗产的细节和空间,将其传递给更广泛的观众。这样不仅可以更好地保护和传承文化遗产,还可以提高人们对文化遗产的认识和理解,并促进文化交流。非物质文化遗产虚拟可视化还可以推动新兴产业的发展。通过数字化的手段,可以将传统文化元素引入到现代产业中,创造出新的商业价值。例如,以传统手工艺、民间音乐等为原型的产品和服务,可以通过虚拟现实技术进行创新和展示,推动文化创意产业的发展和升级。非物质文化遗产虚拟可视化还可以扩大文化旅游和传媒产业的市场覆盖面。通过尝试多种文化呈现方式并将其融入各种数字媒体平台上,如社交媒体、游戏、电子商务等,可以吸引更多年青一代的用户群体,同时也有利于更大范围的文化宣传和推广。

非物质文化遗产虚拟可视化的商业价值在于,它可以帮助企业更好地传播和保护文化遗产,从而提升企业的知名度和品牌价值。虚拟可视化可以将文化遗产的内容和形式转换成可视化的图像和视频,从而更容易地传播和保护文化遗产。此外,虚拟可视化还可以帮助企业在网络上建立自己的文化遗产品牌,从而提高企业的知名度和品牌价值。

虚拟可视化还可以帮助企业把文化遗产推广到更多的地方,从而增加企业的销售额。虚拟可视化可以将文化遗产的内容和形式转换成可视化的图像和视频,从而更容易地传播和保护文化遗产,从而使企业的文化遗产更容易被普通大众所认可;虚拟可视化还可以帮助企业提高文化遗产的收益,因为它可以帮助企业更好地传播和保护文化遗产，并且可以更容易地将文化遗产推广到更多的地方。虚拟可视化可以让企业更好地利用文化遗产，从而提高文化遗产的收益。

总之，虚拟可视化对于非物质文化遗产具有重要的商业价值，它可以帮助企业更好地传播和保护文化遗产，提高企业的知名度和品牌价值，把文化遗产推广到更多的地方，提高文化遗产的收益，从而有效地保护和发展非物质文化遗产。

第二节　文化价值

虚拟可视化技术可以把非物质文化遗产表现出来，以便更好地传播和保存。通过虚拟可视化技术，可以建立一个虚拟的文化环境，将非物质文化遗产的形象、声音、文字、图像等信息进行数字化处理，以便更好地展示和传播。

虚拟可视化技术不仅可以把非物质文化遗产表现出来，还可以把传统文化的精神和内涵表现出来。虚拟可视化技术可以把历史上的传统文化以虚拟的形式重新展现出来，让人们可以重温历史，感受文化的深厚内涵。通过虚拟可视化技术，可以建立一个非物质文化遗产的数据库，将非物质文化遗产的信息进行数字化处理，以便更好地保存和传承。

通过虚拟可视化技术，可以把传统文化的精神和价值以虚拟的形式传播出去，让更多的人了解和欣赏传统文化，激发人们对传统文化的热爱和尊重。虚拟可视化技术是一种新型技术，它不仅能够把非物质文化遗产表现出来，还能把传统文化的价值和精神传承下去，让更多的人了解和欣赏传统文化，促进传统文化的发展和传承。其文化价值主要表现为以下几个方面。

一、提升文化遗产的传播力

虚拟可视化技术已经成为一种有效的手段，可以有效地提升非物质文化遗产的传播力。虚拟可视化技术可以利用计算机技术和图形学技术，将非物质文化遗产的内容进行虚拟化，使其变得更加生动，更加有趣，从而提高其传播力。

首先，虚拟可视化技术可以将非物质文化遗产的内容进行模拟，使其变得更加生动有趣。例如，可以使用虚拟可视化技术来模拟传统的舞蹈、民间游戏、民间音乐等，使其变得更加生动，更容易引起人们的兴趣。

其次，虚拟可视化技术可以将非物质文化遗产的内容进行展示，使其变得更加形象化。例如，可以使用虚拟可视化技术来展示传统民间建筑、传统服饰、传统习俗等，使其变得更加形象，更容易被人们理解和接受。

再次，虚拟可视化技术还可以将非物质文化遗产的内容进行互动，使其变得更加有趣。例如，可以使用虚拟可视化技术来展示传统的民间艺术、传统的文学作品等，使其变得更加有趣，更容易引起人们的兴趣。

最后，虚拟可视化技术还可以将非物质文化遗产的内容进行推广，使其变得更加广泛。例如，可以使用虚拟可视化技术来展示传统的民间绘画、传统的民间音乐等，使其变得更加广泛，更容易被更多的人所接受。

总之，虚拟可视化技术是一种有效的手段，可以有效地提升非物质文化遗产的传播力。虚拟可视化技术可以将非物质文化遗产的内容进行模拟、展示、互动和推广，使其变得更加生动有趣，更容易被人们理解和接受，从而提高其传播力。

二、打造文化遗产的品牌形象

非物质文化遗产是一个多元、多样的文化现象，其中包括各种传统技艺、社会习俗、宗教信仰、节日庆典等。为了打造非物质文化遗产的品牌形象，我们可以利用虚拟可视化技术来助力。

首先，我们可以利用虚拟现实技术，将非物质文化遗产的各种传统技艺、社会习俗、宗教信仰、节日庆典等呈现出来，以便让更多的人更深入地了解这些文化遗产。同时，我们还可以利用虚拟现实技术，在虚拟现实空间中建立一个仿真的文化遗产环境，让人们可以体验到文化遗产的真实感受。

其次，我们还可以利用虚拟可视化技术，制作各种文化遗产的视频，让更多的人可以了解到文化遗产的真实情况。这些视频可以在各种社交媒体上发布，以吸引更多的人去参与文化遗产的活动。

最后，我们还可以利用虚拟可视化技术，设计出文化遗产的品牌标识，以此来彰显文化遗产的特色，使更多的人可以记住文化遗产的品牌，从而更好地保护文化遗产。

通过虚拟可视化技术，我们可以向全世界展示非物质文化遗产的真实面貌，并以此来打造非物质文化遗产的品牌形象。

三、丰富文化遗产的内容

虚拟可视化丰富的非物质文化遗产展示是一种令人惊叹的体验，能够将历史文化以及社会传统的艺术形式和文化价值呈现给大众。

首先,通过虚拟可视化,可以将文化遗产以三维的方式呈现给大众,让观众以更真实的方式感受文化遗产的魅力。比如,可以利用虚拟现实技术,将古代建筑以三维的方式重现,让观众可以更直观地感受到古代建筑的美感。

其次,虚拟可视化还可以让观众更深入地了解文化遗产的内涵。比如,可以利用虚拟现实技术,将文化遗产的历史背景、文化价值、创作技巧等信息以可视化的方式展示给大众,让观众可以更深入地了解文化遗产的内涵。

最后,虚拟可视化还可以让观众更加深入地参与到文化遗产的创作过程中。比如,可以利用虚拟现实技术,让观众可以参与到文化遗产的创作过程中,比如可以让观众制作自己的文化遗产,以及可以参与到文化遗产的保护过程中。

总之,虚拟可视化丰富的非物质文化遗产展示可以让观众更深入地了解文化遗产,并且可以让观众参与到文化遗产的创作和保护过程中,从而实现文化遗产的传承。

四、促进文化遗产的交流与互动

虚拟可视化技术可以有效地促进非物质文化遗产的交流与互动。例如,利用三维虚拟现实技术可以创建一个虚拟的文化遗产展馆,让参观者可以自由探索展馆内的文化遗产,比如古代建筑、绘画、雕塑等。参观者可以通过虚拟现实技术自由移动和旋转,获得文化遗产的全方位的视角,从而更好地了解文化遗产的历史、文化背景和文化价值。

此外,虚拟可视化技术还可以利用虚拟现实技术创建虚拟文化遗产展厅,允许参观者与文化遗产进行互动。例如,参观者可以拾起文物,运用手势操控文物,甚至可以体验文物的历史背景和文化价值。虚拟可视化技术还可以提供文化遗产的音频和视频数据,让参观者可以听到文化遗产的声音,感受文化遗产的历史气息。

通过虚拟可视化技术,参观者可以更好地理解非物质文化遗产,从而更好地保护和传承文化遗产。此外,虚拟可视化技术还可以有效地拓展文化遗产的传播范围,让更多的人可以参与到文化遗产的保护和传承中来,从而更好地促进非物质文化遗产的交流与互动。

第三节 艺术价值

虚拟可视化在非物质文化遗产中的应用，可以说是一种艺术价值的体现。虚拟可视化可以用来模拟非物质文化遗产的形象，从而让更多的人认识和了解非物质文化遗产，让非物质文化遗产的精髓被更多的人所接受。虚拟可视化技术在非物质文化遗产中的应用，可以帮助我们更好地理解、探索和保护这些文化遗产。虚拟可视化技术可以将非物质文化遗产中的独特艺术价值表现出来，从而使我们更加深入地理解这些文化遗产。

随着时间的推移和现代化进程的加速，很多的非物质文化遗产面临着丧失、淡化、偏移等问题。在这种情况下，虚拟可视化技术为非物质文化遗产的保存提供了一种全新的方法和手段。数字化技术可以帮助人们保存和记录非物质文化遗产的形态和特点。通过数字相机、激光扫描等高科技手段，可以将非物质文化遗产的方方面面记录下来。这样，即使原物遗失，人们依然可以通过数字文档重新追溯和了解非物质文化遗产的历史和内涵。

在数字化后的非物质文化遗产记录中，还可以添加音频、视频等元素，更加全面地记录和呈现整个文化遗产。这不仅可以让更多的人了解和认识非物质文化遗产，也可以防止非物质文化遗产的内容和信息因口传心授等问题而失传。

数字化后的非物质文化遗产可以在网络上进行传播和分享，变成非常重要的教育和思想交流资源。通过互联网，无论是文字、音频还是视频等形式，都可以实现高效的宣传和传递。这样，非物质文化遗产的传承和保护就可以得到非常广泛的推广和宣传。

总的来说，虚拟可视化技术的应用为非物质文化遗产的保护和传承提供了非常有力的手段和途径。数字化技术的出现，使得我们可以更加全面、深入地了解非物质文化遗产，从而更好地抢救和保护这种珍贵的文化遗产。提高非物质文化遗产的认知度和普及度。通过虚拟可视化艺术，可以使非物质文化遗产的内容更加生动直观地呈现给观众，让人们更好地了解和认识传统文化。

探索非物质文化遗产：虚拟可视化技术为人们提供了一个全新的角度来观察和学习非物质文化遗产。通过虚拟现实技术，可以让观众身临其境地感受非物质文化遗产的魅力，了解其历史、背景、内涵等方面的信息。

发挥文化交流效益：虚拟可视化技术使作品不受时空限制，可以将非物质文化遗产传播到世界各地，促进不同地域、文化和民族之间的交流和理解，从而推动文化多样性的发展和人类文明的繁荣。

例如，在虚拟可视化中，可以使用3D技术来模拟非物质文化遗产中的精美雕塑，以及它们的细节和复杂结构，从而使我们更加深入地理解这些雕塑的艺术价值。此外，虚拟可视化技术还可以模拟非物质文化遗产中的传统舞蹈，以及它们的动作、姿势和表情，从而使我们更加深入地理解这些传统舞蹈的艺术价值。

总之，虚拟可视化技术可以帮助我们更好地理解和保护非物质文化遗产，并将其独特的艺术价值表现出来。

第四节　传承实践价值

虚拟可视化是一种新兴的技术，能够通过虚拟现实、增强现实以及三维技术等方式，创建出虚拟的环境，在虚拟环境中展示、保护和传播文化遗产。虚拟可视化技术可以为非遗传承提供更加直观的体验，从而促进非遗文化的发展和传播。

首先，虚拟可视化技术可以更好地展示非遗文化。通过虚拟现实技术，可以展示出非遗文化的各种形式，如传统的非遗技艺、传统的非遗乐器、传统的非遗舞蹈等，让更多的人了解非遗文化，加深对非遗文化的认知。

其次，虚拟可视化技术可以为非遗传承提供更加直观的体验。通过虚拟可视化技术，可以创建出虚拟的非遗文化环境，让观众更加直观地感受到非遗文化的内涵和魅力，从而激发观众对非遗文化的兴趣，增强对非遗文化的认知。

再次，虚拟可视化技术还可以帮助非遗传承者更好地传播非遗文化。通过虚拟可视化技术，可以将非遗文化的传承者、技艺和乐器等进行模拟，让更多的人更加直观地感受到非遗文化，从而更好地传播非遗文化。

最后，虚拟可视化技术还可以有效保护非遗文化。通过虚拟可视化技术，可以将非遗文化的传承者、技艺和乐器等进行模拟，从而更加有效地保护非遗文化，避免因时间、环境和人为因素等的破坏而使非遗文化消失殆尽。

总之，虚拟可视化技术对于非遗文化的保护和传播具有重要的价值。虚拟可视化技术可以更好地展示非遗文化，为非遗传承提供更加直观的体验，从而激发观众对非遗文化的兴趣，帮助非遗传承者更好地传播非遗文化，有效保护非遗文化，从而有助于更好地保护和传播非遗文化。

一、保护非物质文化遗产的完整性

随着虚拟可视化技术的发展，虚拟可视化技术对保护非物质文化遗产的完整性发挥着越来越重要的作用。虚拟可视化技术可以帮助我们将传统文化遗产从实体空间中抽象出来，并将其转化为可视化的三维模型。这种技术可以模拟出文化遗产的外观，同时还可以捕捉到文化遗产的内部结构和细节。

除此之外，虚拟可视化技术还可以帮助我们更好地了解文化遗产的历史和文化背景，从而更好地保护和传承这些文化遗产。例如，可以使用虚拟可视化技术来创建一个虚拟仿真环境，以模拟文化遗产的历史演变，包括建筑、装饰、文物等。这样，就可以更好地保护和传承这些文化遗产。虚拟可视化技术还可以帮助我们更好地管理文化遗产，从而更好地保护其完整性。例如，可以使用虚拟可视化技术来创建一个虚拟数据库，用于存储文化遗产的相关信息，如历史、结构、内容等。这样，就可以更好地管理文化遗产，从而更好地保护其完整性。

虚拟可视化技术可以为保护非物质文化遗产的完整性提供有力的支持。它可以帮助我们更好地了解文化遗产的历史和文化背景，更好地管理文化遗产，从而更好地保护其完整性。因此，我们应该充分利用虚拟可视化技术，为保护非物质文化遗产的完整性做出贡献。

二、加强非物质文化遗产的传播和教育

虚拟可视化技术可以为非物质文化遗产的传播和教育提供强大的工具。这种技术可以创建真实的视觉和听觉环境，让观众以前所未有的方式感受文化遗产。

虚拟可视化技术可以使用3D模型，以真实的方式展示文化遗产，如古建筑、古代城市、古代文物等。这些模型可以让观众深入了解文化遗产背后的历史、文化和文化价值。虚拟可视化技术还可以利用虚拟现实（VR）技术，让观众沉浸在文化遗产的环境中，从而更深入地了解文化遗产的历史和文化价值。虚拟可视化技术还可以使用虚拟现实（VR）技术，将文化遗产的故事和历史以虚拟的形式呈现给观众，从而更好地传播文化遗产的信息。

虚拟可视化技术可以为非物质文化遗产的传播和教育提供强大的工具，使观众以前所未有的方式感受文化遗产，从而加强文化遗产的传播和教育。

三、扩大非物质文化遗产的影响力

虚拟可视化可以帮助扩大非物质文化遗产的影响力。最近，虚拟可视化技术已经成为保护和传播非物质文化遗产的有效工具。通过虚拟可视化，可以将非物质文化遗产以视觉形式呈现给更多的人，从而更好地传播和促进非物质文化遗产的发展。

虚拟可视化可以提高非物质文化遗产的可视性。通过 3D 模型和虚拟现实技术，可以将非物质文化遗产以视觉形式呈现出来，使更多的人可以了解和认识非物质文化遗产。这样一来，非物质文化遗产的影响力就会得到提高。通过虚拟可视化，人们可以以视觉的方式欣赏和体验非物质文化遗产，从而加深对非物质文化遗产的认知和理解。例如，在中国，虚拟可视化技术被用来保护和推广传统文化遗产。湖南省湘西土家族苗族自治州的"湘西文化网"项目就是一个很好的例子。该项目将传统文化遗产的精粹通过 3D 虚拟可视化的方式展现出来，让更多的人可以观赏到湘西文化的精髓，从而提高其影响力。虚拟可视化技术可以更好地传播和促进非物质文化遗产的发展。通过虚拟可视化，可以将非物质文化遗产以视觉形式呈现给更多的人，从而更好地传播和促进非物质文化遗产的发展。

虚拟可视化技术可以更好地保护非物质文化遗产。通过将非物质文化遗产以虚拟形式呈现出来，可以更好地保护非物质文化遗产免受破坏，从而有效地拯救和保护非物质文化遗产。

虚拟可视化技术可以帮助扩大非物质文化遗产的影响力。通过提高可视性、促进发展和保护非物质文化遗产，虚拟可视化技术可以更好地传播和保护非物质文化遗产。

第七章
非物质文化遗产虚拟可视化保护的意义

第一节 虚拟可视化有利于非物质文化遗产的复制性传播

虚拟可视化可以帮助保护非物质文化遗产，并保持其复制性传播。近年来，随着技术的发展，虚拟可视化技术已经成为一种新兴的平台，可以有效地促进非物质文化遗产的复制性传播。虚拟可视化技术可以将非物质文化遗产以虚拟形式呈现出来，从而更加直观地展示出文化遗产的特点和内涵，从而使更多的人可以更加深入地了解和欣赏文化遗产。

虚拟可视化技术可以将文化遗产的原始形式以虚拟的形式进行保存，从而可以有效地保护文化遗产不受外界环境的影响，同时也可以让更多的人更加方便地获取文化遗产的信息。虚拟可视化技术可以将文化遗产以虚拟的形式进行展示，使更多的人可以更加直观地了解和欣赏文化遗产，从而加深文化遗产的传播力度。虚拟可视化技术还可以有效地帮助推广文化遗产。虚拟可视化技术可以将文化遗产以虚拟的形式进行展示，从而可以更加直观地向更多的人展示文化遗产，从而有效地推广文化遗产。虚拟可视化技术对于非物质文化遗产的复制性传播有着重要的作用，可以有效地保护和传播文化遗产，同时也可以有效地帮助推广文化遗产。虚拟可视化有利于非物质文化遗产的复制性传播具体表现在以下几个方面。

一、加强非物质文化遗产可视性

虚拟可视化是一种新兴的可视化技术，它可以使非物质文化遗产的可视性得到有效提升。虚拟可视化技术可以通过虚拟现实、增强现实、3D模型、图像处理等方式，将非物质文化遗产的内容、形式、结构等可视化，使其能够以更加直观、生动的方式呈现出来，从而让更多的人能够更好地了解和欣赏这些文化遗产。例如，中国古代宫殿建筑是典型的非物质文化遗产，通过虚拟可视化技术，可以将其可视化，使其能够以3D模型的形式呈现出来，从而让更多的人能虚拟可视化是通过数字技术将非物质文化遗产可视化的一种方式，它可以有效地增强非物质文化遗产的可视性。例如，动画公司可以利用虚拟现实技术，创建一个可视化的3D环境，让用户可以通过虚拟现实技术进入非物质文化遗产，探索它们的历史和文化。此外，可以利用虚拟可视化来展示和传播非物质文化遗产的历史和文化，以便更多的人能够了解这些文化遗产的价值。

二、改善非物质文化遗产传播性

虚拟可视化技术正在改善非物质文化遗产的传播。虚拟可视化技术可以帮助非物质文化遗产的传播，使其能够在现实世界和虚拟世界中进行传播。虚拟可视化技术可以利用虚拟现实（VR）、增强现实（AR）、三维（3D）和二维（2D）技术来模拟非物质文化遗产的外观、构造和功能。

虚拟可视化技术还可以帮助改善非物质文化遗产的传播，使其能够在多个平台和媒体上进行传播。虚拟可视化技术可以利用互联网、社交媒体、移动应用程序，虚拟现实和增强现实技术等，帮助非物质文化遗产的传播更加有效率。虚拟可视化技术还可以帮助改善非物质文化遗产的传播，使其能够更加全面地传播。虚拟可视化技术可以利用虚拟现实、增强现实、三维、二维、视频、音频、图片、文字等多种媒体，使非物质文化遗产能够在多个平台和媒体上进行传播。

虚拟可视化技术是改善非物质文化遗产传播的有效工具。它可以帮助非物质文化遗产在多个平台和媒体上进行传播，使其能够更加全面地传播。虚拟可视化技术可以让非物质文化遗产更加清晰，更加有效地传播。

三、扩大非物质文化遗产触角

采用虚拟现实技术，将非物质文化遗产在网络上进行可视化，让更多的人可以观看和体验；采用增强现实技术，将非物质文化遗产进行虚拟化，让人们可以在现实空间中体验到它们的魅力；利用虚拟现实技术，将非物质文化遗产的传统技艺、歌舞、文学、建筑等进行可视化，让人们可以体验到其中的魅力；利用虚拟现实技术，将非物质文化遗产虚拟可视化，可以通过3D技术、虚拟现实技术、增强现实技术等手段,将非物质文化遗产展现给更多的观众,让他们从一个全新的角度来感受文化遗产的魅力。此外,虚拟可视化还可以利用游戏化的手段,让更多的观众参与到非物质文化遗产的保护和传承中来,从而让非物质文化遗产得以更好地保护和传承。

第二节 虚拟可视化技术创建出虚拟空间的传播形式

虚拟可视化技术可以创建出一种虚拟空间,它可以让用户体验到和实际空间相似的感受,从而实现虚拟空间的传播。它可以通过模拟现实世界的物理环境,构建出一个虚拟空间,在这个虚拟空间中,用户可以通过穿戴设备,如 VR 头盔、虚拟现实手套等,来感受到虚拟空间的环境和操作。此外,虚拟可视化技术还可以用于传播媒体,如视频、图片等来实现虚拟空间的传播。

一、3D 虚拟环境

3D 虚拟环境是一种数字化的技术手段,可以对非遗文化进行保护和传承。以下是 3D 虚拟环境在非遗保护中的几个方面。

三维数字文物保护:3D 虚拟环境可以通过三维扫描技术,将非遗文物数字化,并构建具有真实感的虚拟文物模型。这种模型可以在不破坏原有文物的情况下重现其外观和结构,并且可以进行精细的展示和说明,有助于更好地保护和传承文化遗产。

虚拟展览:3D 虚拟环境可以构建虚拟展览空间,在这个空间里展示非遗文化的相关信息,演示传承技艺,展示非遗文化的过去和现在。这种方式可以将真实的文化遗产带给更多人,无须受制于地域限制。

虚拟教育:3D 虚拟环境可以帮助非遗传承人通过模拟各种情境和场景来进行文化传承和教育,可以逐步提高传承人的技能和认知。此外,虚拟教育也可以让更多的人了解和学习非遗文化,从而加强社区文化传承和教育。

3D 虚拟环境可以创建出真实的环境,通过虚拟环境来模拟真实的环境,从而使用户感觉自己就在真实的环境中。3D 虚拟环境是一种虚拟环境,它利用计算机图形技术来模拟真实的环境,使用者可以在其中进行视觉、听觉、触觉和运动表达。3D 虚拟环境可以包括虚拟建筑、模拟城市、模拟环境、模拟地形、模拟人物、模拟动物、模拟自然环境以及其他虚拟元素。它们可以用于培训、游戏、模拟、娱乐、科学研究,以及许多其他应用。总之,3D 虚拟环境是非遗保护中的一个重要手段,可以促进非遗文化的传承与创新,更好地维护文化多样性,保护和弘扬非遗文化。

二、虚拟社交网络

虚拟社交网络可以让用户在虚拟空间中进行社交活动,从而构建一个虚拟的社交网络。虚拟社交网络是一种使用计算机技术和互联网连接的网络,允许用户在线交流、共享信息和参与活动。虚拟社交网络可以帮助用户建立新的社交关系,也可以帮助他们保持现有的社交关系。它们也可以提供丰富的虚拟体验,允许用户在虚拟社交网络中创建虚拟世界,参加游戏和虚拟活动。一些流行的虚拟社交网络包括 Facebook、Twitter、Instagram、Snapchat 等。

三、虚拟展示

虚拟展示非遗保护,是指利用虚拟技术来展示非物质文化遗产的传承和发展。即通过数字化、模拟现实、增强现实等技术手段,将非遗文化呈现在虚拟空间中,以实现保护和传承。具体来说,虚拟展示非遗保护可以通过以下几个方面实现。

(一)数字化非遗文化

将非遗文化资料数字化,包括图片、音频、视频等多媒体形式,从而方便存储、传播、展示和保护。数字技术可以使得非遗文化更好地被保存和传承。数字化非遗文化是一种应对非遗文化传承问题的有效方式。传统文化遗产中常常包含着珍贵的历史信息、文化内涵和艺术技艺,如传统戏曲、民间音乐、曲艺等。这些文化遗产在现代社会面临着多种危机,如资料流失、文化融合、传承困难等,数字化非遗文化则可以有效缓解这些问题。

首先,数字化非遗文化可以方便存储和传输。传统文化遗产往往只存在于物质载体中,如纸张、卷轴、录音带等,这些载体物品在长时间的储存和传输过程中,易受到自然环境、人为破坏的影响,可能会发生损坏、丢失等情况。数字化文化资料存贮在电子设备中,可以轻松存储和备份,同时也方便网络传输和共享。

其次,数字化非遗文化可以方便展示和宣传。数字化非遗文化资料可以通过各种数字技术手段进行展示,如虚拟博物馆、电子书等,不受时间和空间的限制,极大地拓展了非遗文化的传播渠道。此外,数字化资料还可以通过社交媒体传播,观众可以通过各种形式来获得文化资源，如收看视频、分享图片等。

最后，数字化非遗文化也可以加强文化遗产的保护。数字化非遗文化资料不仅可以提供更为全面的文化信息，更能方便非物质文化遗产的保护。通过数字化手段，可以减少文化资源的流失和损坏，并能够对文化进行保护和传承。同时，也有助于培养社会公众对文化遗产的认识重视程度，引导人们更好地理解与认识诸如传统戏曲、民间音乐、曲艺等非遗文化。

（二）以模拟现实方式展示非遗文化

以模拟现实方式展示非遗文化，是将传统文化遗产数字化的一个深化和延伸，它通过数字技术还原了非遗文化的实际情形，为观众提供了更加直观的体验和感受。

3D 模型是其中一种常用的模拟方式，利用计算机技术对非遗文化场景进行重建，可以呈现逼真的三维效果，观众可以从不同角度来观察、感受文化遗产艺术的细腻之处。比如，在保护传统民居方面，3D 模型可以展现房屋结构、内部布局、装修风格等更多的细节，从而更好地保护传统民居文化。在传统乐器方面，3D 模型可以展现乐器的细节构造、特殊演奏方式等，使观众得以更加真实地感受到传统乐器的特性。

虚拟现实技术也是数字化非遗文化的一个重要手段，利用虚拟现实技术，可以打造出非常逼真的虚拟现实场景，让观众穿梭在其中，亲身体验非遗文化。例如，利用虚拟现实技术，可以在展览或博物馆中建立虚拟文化展览馆，使观众可以穿梭于虚拟展馆中，更加深入地了解非遗文化和非遗项目。

此外，还可以通过增强现实技术进行互动式展示。增强现实技术可以实现虚实融合，将数字信息融合到实际场景中，与实物资料相结合，让观众更加沉浸在非遗文化的丰富内容中。

总之，通过模拟现实方式展示非遗文化，可以为观众提供亲身体验的机会，让观众更深刻地感受到非遗文化的内涵和魅力。

（三）增强现实技术的运用

增强现实技术将数字信息与现实场景结合起来，使参与者可以在现实场景中体验数字信息带来的丰富内容。在非遗文化保护与传承方面，增强现实技术也有着广泛的应用。

例如，使用手机 App 扫描某一地方的景物，就可以出现与这些景物相关的非物质文化遗产。这样一来，人们可以在现场更加直观地了解与探索非遗文化的内涵。

比如，在观赏传统剪纸时，可以通过扫描剪纸上的二维码，看到与剪纸相关的历史文化、故事、制作方法等详细信息。这样一来，可以帮助人们更好地认识和理解非遗文化的价值和意义。

增强现实技术还可以与展览、演出等文化活动结合，提高活动的参与度和趣味性。例如，在非遗文化展览中，可以设置增强现实互动区域，与展品进行结合，让观众通过扫描二维码或 AR 标识等，了解非遗文化的相关信息。在传统戏曲演出中，可以将增强现实技术应用到场景背景、服装等方面，从而提高观众对于戏曲文化的感知体验。

在博物馆展览中，增强现实技术也有着广泛的应用可能。通过 AR 技术，可以加强参观者对博物馆中文物的了解和认知，进一步提高博物馆的参与度和趣味性，从而推动非遗文化的传承。

总之，增强现实技术为非遗文化的传承带来了全新的可能性和机遇，为非遗文化的推广和普及提供了有力的手段。虚拟展示可以创建出更加生动鲜明的展示环境，使参观者更容易理解展示内容，并可以更好地提高参观者的参与度。虚拟展示非遗保护可以让非遗文化更好地被传承和弘扬，同时可以让更多人了解非遗文化的内涵和故事。与此同时，利用网络平台等渠道对非遗文化的传播更具普及性，可以使得所有人都能够了解非遗文化。

四、虚拟游戏

虚拟游戏作为一种数字文化艺术，已经逐渐被认识到对于中国非物质文化遗产的保护具有重要的作用。虚拟游戏包含了很多传统文化元素，例如传统的节日、习俗、神话故事、武术等，在游戏中呈现出来，不仅为玩家提供了一种娱乐方式，也更加深人们对于非遗文化的了解。例如《中国建筑师》这款游戏，该游戏是由 ArchitectGames 制作并且发行的一款以中国古代为背景的模拟建造游戏，玩家在游戏中可以操控你的角色学习出色的建造艺术，建造各种屹立千年的建筑物。《中国建筑师》是一款第一人称视角模拟游戏，游戏背景设置在古老的中国。通过向祖辈们学习工艺秘诀并建造周围所见的一切来开始游戏。学习建造各种建筑，从简单的建筑和桥梁到美丽的宝塔和庙宇。这些神奇的建筑不用一颗钉子，却可以屹立千年。《中国建筑师》完美地集各种成功游戏类型于一身——生存、模拟和角色扮演！您可以选择跟随主线任务，也可以随意探索古老的中国。从为了养活自己，例如获得一些钱和食物而学习最简单的建造任务开始，逐渐开始学习为自己建造房屋的建筑技巧。随着技能提高，要开始制作一些不同的工具，用来建造不同类型的房屋、建筑和庙宇。与众多非操控角色（NPC）进行互动，并帮助其他人进行建筑和交易。如图19所示。

图19 《中国建筑师》游戏截图

虚拟游戏所呈现的非遗元素共有两个层面：一方面，虚拟游戏可以增加非遗文化的传承。例如，在游戏主线中设置传统的祭祀仪式和习俗，使得玩家了解到传统的文化底蕴，增加了对于传统文化的认识和理解，从而促进非物质文化遗产的传承。另一方面，虚拟游戏还能够传播非遗文化，通过游戏的渠道引导更多人了解和认识非遗文化，从而实现非遗文化的更广泛传播。

针对虚拟游戏保护非遗文化的问题，最重要的是保护传统的文化精神和文化底蕴。首先，需要将传统文化元素融入虚拟游戏中，并合理运用，使之在游戏中自然展现。其次，需要对虚拟游戏的开发和制作进行严格的审查和管理，不能出现侵犯非遗文化的行为。最后，需要加强虚拟游戏和非遗文化的互动，通过虚拟游戏推广非遗文化，同时把虚拟游戏作为一种集传承、保护、传播于一体的非物质文化遗产进行保存。

第三节　非物质文化遗产虚拟可视化对当地经济和文化发展的影响

非物质文化遗产虚拟可视化保护是指将非物质文化遗产转化为可视化形式，以便更好地保护和传承非物质文化遗产。虚拟可视化保护的经济意义非常重要，它可以帮助传统文化遗产获得更多的关注，从而提升文化遗产的经济价值。

虚拟可视化保护可以提高文化遗产的曝光率，虚拟可视化保护可以通过媒体技术，如网络视频、数字图片、三维模型等，把文化遗产展示出来，使文化遗产更容易被公众所熟知。这样，更多的人将会对文化遗产产生兴趣，从而提高文化遗产的经济价值；虚拟可视化保护可以提高文化遗产的收入。虚拟可视化保护可以把文化遗产变成可以出售的商品，比如网络视频、数字图片、三维模型等，这样就可以利用文化遗产的知识产权来获得收入。同时，虚拟可视化保护也可以把文化遗产变成一种旅游资源，从而获得更多的收入。

此外，虚拟可视化保护还可以提高文化遗产的社会价值。虚拟可视化保护可以把文化遗产转化为一种文化社会责任，使更多的人参与到文化遗产保护中来，从而提高文化遗产的社会价值。

虚拟可视化保护对文化遗产的经济意义非常重要，它可以提高文化遗产的曝光率、收入和社会价值，从而提升文化遗产的经济价值。因此，我们应该加大对虚拟可视化保护的投入，以便更好地保护和传承非物质文化遗产。

一、提高非物质文化遗产的保护力度

通过虚拟可视化手段，可以将非物质文化遗产以高清晰度的方式呈现出来，这可以帮助保护工作的开展，有效提高非物质文化遗产的保护力度。虚拟可视化技术可以帮助保护非物质文化遗产，因为它可以提供更多的信息和沉浸感，让人们更好地理解和体验文化遗产。以下是具体的几点。

（一）保护真实的文化遗产

保护真实的文化遗产对于文化遗产的传承非常重要，而虚拟可视化技术为文化遗产的保护提供了全新的方式。

通过创建虚拟博物馆，可以将那些难以在实体博物馆展示的文物进行展览。虚拟博物馆的优点是可以自由设置展览内容和场景，可以创造出更加有趣、真实的展

览体验，也可以大大减少文物运输成本，同时也可以避免文物在运输途中遭受外界破坏。

除了虚拟博物馆，通过虚拟可视化技术，可以还原历史遗迹，使人们能够在不去遗址现场的情况下，并且不破坏它们的条件下了解历史文化的真实面貌。比如，可以使用虚拟可视化技术重建被破坏的文化遗产建筑，复原古代居民生活、宗教仪式等场景，以实现文化遗产的传承。此外，虚拟可视化技术还可以通过 AR 技术和 VR 技术结合实现虚实互动。观众可以通过手机或 VR 眼镜等设备，身临其境地感受文化遗产中的历史信息，提高文化遗产的浸润力和参与感。

总而言之，虚拟可视化技术正在成为非常重要的文化遗产保护手段，通过此项技术，可以更好地保护和传承人类的文化遗产。

（二）整合传统文化资源

整合传统文化资源是虚拟可视化技术的一个主要应用方向，通过整合不同文化资源，构建数字化平台，让更多的人能够方便地了解、传播、交流、体验传统文化资源。

虚拟可视化技术可以将传统文化资源整合在一起，形成一个综合的数字化平台，包括音乐、舞蹈、戏剧、文化艺术、民俗风情等方面。这样，人们可以通过这一数字平台来了解不同历史时期的文化，同时也能够更方便地进行文化交流和广泛传播。例如，可以创建虚拟的历史游乐园，让人们了解和体验不同历史时期的文化，如皇家宫廷、民间乐曲、古代农业、古代手艺等。

虚拟可视化技术可以构建交互式的虚拟现实环境，让观众身临其境地体验传统文化，强化其参与感、互动性和沉浸感。这样的数字化平台可以成为重要的文化教育资源，对于文化传承、文化教育、文化交流等方面都有着重要的作用。

此外，通过虚拟可视化技术，还可以创建数字图书馆、数字博物馆、虚拟文化传承中心等，将传统文化资源高效、全面地展示给用户，并与用户进行交互。数字图书馆可以收藏传统文化资源的书籍，数字博物馆可以展示各种文化遗产，虚拟文化传承中心可以让传统文化资源得到更好的传承和发展。

虚拟可视化技术的应用，可以将传统文化资源带入到现代数字化的世界中，让更多人了解和认识传统文化，促进传统文化的传承与发展。第三点保护文化资源：通过虚拟可视化技术，可以将文化遗产数字化，保存在互联网上的数据库中，保护和保存文化资源更长久。例如，可以创建虚拟的文化平台，记录和展示华夏文化之美，这将为人们提供更丰富的文化资源，同时也能保护这些宝贵的文化资产。

总之，虚拟可视化技术可以通过数字化和模拟的方式，帮助保护文化遗产，同时也可以让更多的人能够更好地了解和欣赏那些珍贵的历史文化。

二、促进旅游产业的发展

非物质文化遗产享有深厚的历史背景和文化意义，可以乘此机会将非物质文化遗产和旅游业相结合，为当地的旅游产业注入新的活力和创意，从而带动其经济发展。虚拟可视化非遗是指利用技术手段将非遗文化艺术形象化、图像化、立体化展现出来，实现非遗文化的数字化、网络化、普及化。这种展示方式可以提高游客的文化认同感和参与感，进而推动旅游产业的发展。

首先，虚拟可视化非遗能够更好地展示非遗文化的内涵和价值。通过数字化、网络化的方式，游客可以更加深入地了解和体验非遗文化，加深对非遗文化的认识和理解，从而更加珍视和保护非遗文化。

其次，虚拟可视化非遗能够吸引更多游客，促进旅游产业的发展。传统的文化旅游方式通常需要游客前往现场进行亲身体验，在时间、空间和经济成本上都具有一定限制。然而，利用虚拟可视化非遗的方式进行展示，则可以克服这些限制，让更多的游客通过数字平台来了解、欣赏和体验非遗文化，增加旅游产业的吸引力。

最后，虚拟可视化非遗也促进了非遗文化的保护和传承。利用数字化技术将非遗文化艺术形象化、图像化、立体化展现出来，可以将非遗文化传承的途径拓展到数字平台上，通过数字文化的传播，让更多的人了解和学习非遗文化，增加了非遗文化的传承和保护的可能性。

综上所述，虚拟可视化非遗是一种很好的方式，通过数字技术的手段来展示非遗文化的内涵和价值，提升旅游产业的发展和非遗文化的传承。

三、增加文化产品的附加值

虚拟可视化技术可以使非遗变得更加具有观赏性，非物质文化遗产也可以作为文化产品直接通过电子商务销售，增加文化产品的附加值，从而进一步加强当地文化产业的发展。

虚拟可视化非遗保护是利用数字技术、三维建模等手段，在虚拟环境中还原非物质文化遗产的面貌，以便更好地传承、保护及推广非遗文化。通过虚拟可视化技术实现非遗文化的保护和传承，还可以增加文化产品的附加值，具体表现在以下几个方面。

首先，虚拟可视化技术可以为非遗文化赋予全新的表现形式。传统的非遗文化主要以口传心授的方式流传，而虚拟可视化技术可以把这些文化元素以数字化的形式展现在观众面前，让人们可以更加直观、深入地了解非遗的内涵和外在表现。这种全新的表现形式可以吸引更多的观众关注，从而增加产品的市场价值和竞争力。

其次，虚拟可视化技术可以为非遗文化注入时代感和现代感。很多非遗文化形态古老、古朴，虚拟可视化技术可以将非遗文化融入现代创意文化中，带来新颖的设计和呈现方式，使古老的非遗文化焕发出新的活力。这种注入现代感的文化产品更能满足当代人的审美需求，也更容易受到年青一代的喜欢。

最后，虚拟可视化技术可以为非遗文化带来更广泛的影响力和传播效果。传统的非遗文化传承主要依靠口口相传的方式，传播范围有限，而虚拟可视化技术可以将非遗文化赋予全新的媒介和平台，让更多的人了解和接触到非遗文化。这种扩大非遗文化影响力的作用有助于提高产品的知名度和美誉度，增加产品的商业价值。

因此，虚拟可视化技术对于非遗保护和文化产品的附加值增加具有重要作用，将为非遗文化传承和发展注入新的活力。

四、创造就业机会

虚拟可视化保护非遗需要专业人才进行相关的技术研发和应用，这些工作的开展可以为相关人员提供就业机会，带动当地的经济发展。非物质文化遗产的虚拟可视化可以为就业市场创造机会。首先，用于虚拟可视化的数字技术需要专业技术人员进行开发和维护，因此这个领域需要涉足相关技术的专业人才。其次，许多非物质文化遗产的传承者是老年人，他们的知识和技能可能将随着他们的离世而消失。虚拟可视化可以用于记录和保存这些传统文化，从而不仅保护了文化遗产，还为年青一代提供了接触和学习的机会，产生一定的就业需求。

此外，虚拟可视化也可以为旅游业和文化产业带来商机。许多非物质文化遗产都是当地的独有资源，通过虚拟可视化手段可以创造出类似于"文化旅游"的产品，从而增加了就业需求。例如，虚拟可视化可以通过3D建模、虚拟现实技术等手段让游客在不离开家门的情况下，沉浸到当地的文化氛围中，促进地方文化旅游产业的发展。

总之，非物质文化遗产的虚拟可视化将会为就业市场带来越来越多的机会，从技术开发、文化保护到旅游产业的发展都能得到有效的推动。

第四节　非物质文化遗产虚拟可视化保护的社会意义

非物质文化遗产的虚拟可视化保护是现代社会对传统文化遗产保护的重要措施，它不仅可以保护遗产，还可以提高人们对传统文化的认知和意识。虚拟可视化保护能够有效地保护非物质文化遗产，使其能够被更多的人知晓和了解，从而促进文化传承和发展。

虚拟可视化保护可以有效地延续和保护传统文化遗产。通过虚拟可视化技术，可以将传统文化遗产的形象、声音、空间等信息进行精确的捕捉、编码和记录，使其能够永久保存。同时，虚拟可视化保护还可以有效地保护传统文化遗产免受损害，以防止传统文化遗产被破坏或遗忘。虚拟可视化保护可以提高人们对传统文化遗产的认知和意识。虚拟可视化保护可以将传统文化遗产的形象、声音、空间等信息进行精确的捕捉、编码和记录，使其能够永久保存。同时，虚拟可视化保护还可以通过互联网和社交媒体等新媒体平台，将传统文化遗产的形象、声音、空间等信息进行广泛传播，从而提高人们对传统文化遗产的认知和意识。

此外，虚拟可视化保护还可以促进文化传承和发展。虚拟可视化保护可以将传统文化遗产的形象、声音、空间等信息进行精确的捕捉、编码和记录，使其能够永久保存，从而促进文化传承和发展。同时，虚拟可视化保护还可以通过互联网和社交媒体等新媒体平台，将传统文化遗产的形象、声音、空间等信息进行广泛传播，从而激发人们对传统文化遗产的兴趣，促进文化传承和发展。

综上所述，虚拟可视化保护是现代社会对传统文化遗产保护的重要措施，它不仅可以保护遗产，还可以提高人们对传统文化的认知和意识，促进文化传承和发展。因此，虚拟可视化保护的社会意义是非常重要的，应该得到充分的重视和落实。

第八章

虚拟可视化技术应用非物质文化遗产保护发展前景

　　虚拟可视化技术已经成为当今发展最快的技术之一，它能够改变我们对非物质文化遗产的认知和理解。虚拟可视化技术可以帮助我们更好地理解非物质文化遗产，并为其保护和传承提供有力的技术支持。

　　虚拟可视化技术可以帮助我们更好地理解非物质文化遗产的历史和文化背景。它可以将非物质文化遗产的历史和文化背景转化为可视化的形式，使人们可以更深入地了解非物质文化遗产，从而更好地保护和传承它们。例如，可以使用虚拟可视化技术来创建和维护虚拟的文化遗产保护环境。此外，虚拟可视化技术还可以帮助研究人员更深入地了解非物质文化遗产，从而更好地保护和传播这些遗产。

　　虚拟可视化技术可以提高非物质文化遗产的可访问性和可接触性。它可以帮助我们更好地展示和传播非物质文化遗产，使更多的人可以了解和欣赏它们，从而促进非物质文化遗产的发展。虚拟可视化技术可以帮助我们更好地研究和保护非物质文化遗产。它可以帮助我们记录和收集非物质文化遗产的信息，从而为保护和传承非物质文化遗产提供有力的技术支持。

　　总之，虚拟可视化技术对非物质文化遗产发展前景具有重要意义。虚拟可视化技术在非物质文化遗产保护和传播方面具有巨大的潜力，它可以帮助人们更好地保护和传播非物质文化遗产，并使这些遗产更好地被传播出去。因此，虚拟可视化技术在非物质文化遗产保护和传播方面有着巨大的前景。

第一节 促进文化保护与科技的融合

促进文化保护与科技的融合是一项重要的任务，它既可以维护文化遗产，又可以促进科技发展。文化遗产的保护需要技术的支持，而科技的发展也需要文化的支持。因此，文化保护与科技的融合是极其必要的。

文化保护与科技的融合可以从以下几个方面进行：首先，要加强文化遗产信息的收集，利用科技手段收集、整理、存储和保存文化遗产信息，以便更好地保护文化遗产。其次，要利用科学技术改善文化遗产的保护环境，使之更加安全、稳定，以及更有效地保护文化遗产。再次，要利用科学技术对文化遗产进行数字化处理，使之更好地呈现在人们面前，从而提高文化遗产的知名度，吸引更多的社会关注。最后，要利用科学技术改善文化遗产的管理，使之更加有效地进行保护、传播和管理。

文化保护与科技的融合也有助于发展科技。文化遗产中蕴含着丰富的文化信息，可以为科技发展提供新的思路和灵感，从而推动科技发展。此外，文化保护与科技的融合还可以提高文化遗产的价值，从而为科技发展带来更多的机遇。

文化保护与科技的融合可以促进文化遗产的保护和科技的发展，为人类社会的发展做出重要贡献。因此，应该加强文化保护与科技的融合，以促进文化遗产的保护和科技的发展。

一、文化保护与科技融合的现实情况概述

文化保护与科技融合是一个极具挑战性的话题，它涉及文化遗产的保护、传承和发展，也涉及科技的创新与发展。文化保护与科技融合的实施，可以更好地保护和发挥文化遗产的价值，同时也可以更好地发挥科技的作用。

在现实情况下，文化保护与科技融合已经被广泛应用于不同的领域。首先，科技可以帮助文化保护和传承。例如，许多古迹和文物都采用了先进的科技，如数字技术、空间技术等，以便更好地保护文化遗产。其次，科技可以帮助文化的发展。例如，许多传统文化，如陶瓷、书法、剪纸等，都采用了现代科技，如3D打印技术、虚拟现实技术等，以便更好地发展传统文化。

此外，文化保护与科技融合也在许多其他领域得到了广泛的应用，例如教育、旅游、媒体和文化产业等。例如，在教育领域，科技可以帮助学生更好地理解和传

承传统文化；在旅游领域，科技可以帮助游客更好地了解和体验当地文化；在媒体领域，科技可以帮助更多的人获取和传播文化信息；在文化产业领域，科技可以帮助文化产品得到更好的发展和推广。

文化保护与科技融合在当今社会中已经得到了广泛的应用，它为文化遗产的保护、传承和发展提供了有效的手段，也为科技的创新和发展提供了有力的支持。

（一）文化保护与科技融合的重要性

随着科技的发展，保护文化遗产已成为一项重要的任务。文化遗产不仅是一种宝贵的财富，而且是一种重要的记录，可以让我们了解历史，深入了解某一特定文化的历史发展。保护文化遗产的有效方法之一就是将科技融入文化保护中。

文化保护与科技融合是当今社会发展的重要话题。文化保护与科技融合的重要性不言而喻。

首先，文化保护与科技融合有助于保护和传承文化遗产。科技可以帮助保护文化遗产，例如，可以通过数字技术在网上保存历史文物和文化遗产，以防止它们遭到破坏。此外，科技也可以帮助传承文化遗产，例如，可以利用虚拟现实技术让更多人参观文物和文化遗产，从而让更多人了解历史文化。

其次，文化保护与科技融合可以提高文化的创新能力。科技可以更有效地传播文化，并且可以更好地满足人们对文化的需求，从而激发文化创新。此外，科技还可以帮助文化创新者更好地实现他们的创新想法，从而推动文化的发展。

文化保护与科技融合是社会发展的重要话题，具有重要的意义。文化保护与科技融合可以帮助保护和传承文化遗产，并提高文化的创新能力，从而促进社会的发展。

（二）文化保护与科技融合的可行性

文化保护和科技融合是一个复杂而又重要的话题，它既有助于保护文化遗产，又有助于推动科技发展。文化保护和科技融合的可行性取决于技术的发展和文化保护的实施。它涉及保护文化遗产的同时，利用科技手段更好地传承和发展文化。文化保护与科技融合的可行性可以从三个方面来考虑。

首先，科技可以帮助收集、保存和恢复文化遗产，例如古老的建筑、古代文献和文物等可以采用 3D 扫描技术来拍摄文物，生成 3D 模型，以便更好地保护文物。此外，可以利用科技手段来追踪文物的流转状态，防止文物被盗窃或被毁坏。

其次，可以利用科技手段来传承文化。例如，可以利用虚拟现实技术来创建文物的虚拟展览,让更多的人了解文物的背景知识。此外,可以利用大数据技术来收集文化信息,并建立文化数据库,以便更好地传承文化。

最后,可以利用科技手段来推动文化发展。例如,可以利用社交媒体技术来推广文化,让更多的人了解文化,从而推动文化的发展。此外,可以利用互联网技术来建立文化研究平台,以便更好地推动文化的发展。

综上所述,文化保护和科技融合是可行的。科技的发展可以帮助文化保护,而文化保护也可以促进科技发展。因此,文化保护和科技融合可以共同促进文化保护和科技发展,从而实现可持续发展的共赢局面。

二、文化保护与科技融合的措施

文化保护与科技融合是一种新的文化保护方式,旨在保护文化遗产,促进文化传承,并实现科技创新。为了实现这一目标,应采取以下措施。

第一,建立全面的数据库系统。建立一个完善的数据库系统,可以收集文化遗产的相关信息,如地理位置、历史背景、文化特点等,以便更好地保护和管理文化遗产。

第二,采用最新的科技。采用最新的技术,如虚拟现实、增强现实、三维扫描、机器人技术等,可以更好地把文化遗产还原出来,以及积极发展新技术应利用新技术,如3D扫描技术、虚拟现实技术等,来更好地保护文化遗产,并利用大数据、云计算等新技术,来实现文化遗产的数字化,以便更好地保护和展示文化遗产。

第三,加强文化遗产的传播。通过新媒体和其他媒体,向公众传播文化遗产,让更多的人了解文化遗产的重要性,以便更好地保护文化遗产[29]。

第四,加强文化遗产的管理。建立一套完善的管理体系,以有效地管理文化遗产,并采取有效的措施,以便更好地保护文化遗产。

通过以上措施,可以有效保护文化遗产,促进文化传承,文化保护与科技融合是一种有效的方式,可以帮助我们更好地保护文化遗产。各方应加强合作,共同推进文化保护与科技融合,并实现文化保护与科技融合的双赢。

(一)推进文化保护与科技融合的政策

加强文化保护与科技融合的法律法规制定,建立完善的文化保护与科技融合的法律制度;加大投入,支持文化保护与科技融合的研究和应用,支持文化保护与科技融合的示范项目;完善有关政策,支持文化保护与科技融合的技术开发、产品创新和服务提升；加强对文化保护与科技融合的监管，加强知识产权保护，保障文化保护与科技融合的合法权益；加强科技人才培养，提升文化保护与科技融合的专业技能；开展文化保护与科技融合的宣传教育，普及文化保护与科技融合的知识，提高大众对文化保护与科技融合的认知。

（二）利用科技手段加强文化保护

建立文化遗产数据库：建立数据库，将文化遗产信息记录在数据库中，可以更好地保护文化遗产。

建立文化遗产网络：建立文化遗产网络，将文化遗产信息传播到全国各地，让更多人了解和参与文化保护活动。

应用数字技术：利用数字技术，将文化遗产的形象和声音等信息进行数字化，以此来加强文化遗产的保护。

建立文化保护监测系统：建立文化保护监测系统，利用监控技术对文化遗产进行实时监测，及时发现和处理文化遗产的变化情况。

（三）加强文化保护与科技融合的宣传

加强文化保护与科技融合的宣传，应从政策层面着手，加强对文化保护与科技融合的政策宣传，以营造有利于文化保护与科技融合的社会氛围；支持文化保护与科技融合的研究，支持相关学术机构和科研院校，以推进文化保护与科技融合的发展；积极开展文化保护与科技融合的宣传活动，通过网络、媒体等渠道，进行有效的宣传；积极推动文化保护与科技融合的实践，以实际行动推动文化保护与科技融合的实现；建立文化保护与科技融合的平台，以促进文化保护与科技融合的实施。

三、促进文化保护与科技融合的建议

文化保护与科技融合是当今社会中一个重要的话题。科技的发展为保护文化遗产提供了不同的方式，但是这些方式要想发挥最大的作用，就需要政府和企业的大力支持。下面是我对如何促进文化保护与科技融合的建议。

首先，政府应当加强文化保护的政策和法规，为文化保护提供有效的保障。政府应当建立完善的文化保护体系，强化文化保护的法律制度，严格执行文化保护的法律法规，切实保护文化遗产。

其次，政府应当积极推动科技在文化保护中的应用。政府应当大力支持科技研发、技术创新，以及科技在文化保护中的应用，推动科技与文化保护的融合。

再次，企业也应当发挥重要作用。企业应当加大对文化保护的投入，积极参与文化保护的行动，建立文化保护的公益基金，支持文化保护的研究与实践，为文化保护提供更多的资金支持。

最后，社会各界应当积极参与文化保护，为文化保护的工作提供更多的支持和帮助。普通民众应当以身作则，建立良好的文化保护意识，积极参与文化保护的活动，做到文明礼仪，保护文化遗产。

文化保护与科技融合是一个复杂的过程，政府、企业和社会各界都应当发挥重要作用，共同努力，才能真正实现文化保护与科技融合的目标。

第二节 促进数字化保护标准的建设

非遗数字化保护标准的建设是对非遗数字化保护工作的重要组成部分，是实现非遗数字化保护的重要手段。为了建立健全的非遗数字化保护标准，应采取以下措施。

一是加强非遗数字化保护的法律法规制度建设。应加强非遗数字化保护的法律法规制度建设，确保非遗数字化保护的合法性和有效性。

二是加强非遗数字化保护的技术标准建设。应根据非遗数字化保护的实际情况，建立相应的技术标准，以保证非遗数字化保护的质量和稳定性。

三是加强非遗数字化保护的管理标准建设。应建立非遗数字化保护的管理标准，确保非遗数字化保护工作的有效实施。

四是加强非遗数字化保护的资源标准建设。应建立非遗数字化保护的资源标准，确保非遗数字化保护资源的有效利用。

总之，要建立健全的非遗数字化保护标准，必须加强法律法规制度建设、技术标准建设、管理标准建设和资源标准建设，以保证非遗数字化保护的有效实施。

一、数字化文化保护的重要性

数字化文化保护的重要性不容忽视。随着科技的发展，人们的文化传承受到极大的威胁，而数字化文化保护可以极大地缓解这种威胁。数字化文化保护是一种利用现代科技来保护传统文化的方式，它既可以保护传统文化，又可以促进文化发展。

首先，数字化文化保护可以有效地保护传统文化。传统文化是一个民族的精神财富，是一个民族的历史和文化的继承，是一个民族的文化记忆。传统文化受到现代科技的威胁，随着时间的推移，传统文化很可能会消失，而数字化文化保护可以有效地保护传统文化不被破坏，从而保护传统文化不会消失。

其次，数字化文化保护可以促进文化发展。文化是一个民族的精神财富，它可以丰富一个民族的文化生活，促进一个民族的文化发展。数字化文化保护可以把传统文化转化为数字格式，从而使传统文化更容易被普及，从而促进文化发展。

最后，数字化文化保护还可以增强文化认知。数字化文化保护可以把传统文化转化为数字格式，从而使传统文化更容易被大众认知，从而增强民众对传统文化的认知。

综上所述，数字化文化保护的重要性不容忽视。数字化文化保护既可以保护传统文化，又可以促进文化发展，还可以增强文化认知。因此，政府应该加大对数字化文化保护的投入，以保护传统文化，促进文化发展，增强文化认知。

二、现有数字化文化保护标准的缺失

随着数字化文化保护的发展，现有的数字化文化保护标准已经取得了一定的成效，但是也存在着一些缺失。主要表现以下几个方面。

第一，现有的数字化文化保护标准缺乏对文化遗产的全面评估。由于文化遗产的复杂性，它们的价值是多方面的，从历史和文化的角度，文化遗产的价值可能是不可估量的。因此，现有的数字化文化保护标准应该更加全面，考虑到文化遗产的历史价值、文化价值、社会价值和经济价值。

第二，现有的数字化文化保护标准缺乏对文化遗产的系统性保护。文化遗产的保护不仅仅是保护它们的物理形态，更重要的是保护它们的文化内涵，以及它们所传达的文化价值。因此，现有的数字化文化保护标准应该更加系统性，考虑到文化遗产的文化内涵，以及它们所传达的文化价值，并且应该有一个系统的实施机制，以确保文化遗产的有效保护。

第三，现有的数字化文化保护标准缺乏对文化遗产的合理利用。文化遗产不仅仅是过去的财富，它们也是未来的财富，它们可以被合理利用，以促进社会经济发展。因此，现有的数字化文化保护标准应该更加注重对文化遗产的合理利用，考虑到文化遗产的经济价值，并且应该有一个有效的利用机制，以促进文化遗产的有效利用。

第四，现有的数字化文化保护标准缺乏全面的实施机制。由于文化遗产的复杂

性，它们的保护工作不能单靠一个机构完成，而应该需要多方参与，包括政府、文化机构、学术机构、学者以及社会各界人士。因此，现有的数字化文化保护标准应该更加注重多方参与，并且应该有一个系统的实施机制，以促进文化遗产的有效保护。

因此，要有效地推动数字化文化保护的发展，就必须填补现有数字化文化保护标准的缺失。具体而言，就应该加强对文化内涵的明确界定，加强对数字化文化保护的法律依据，加强对知识产权的保护，以及加强对文化传统的保护。只有这样，才能够有效地推动数字化文化保护的发展，为社会带来更多的福祉。

三、数字化文化保护的定义

数字化文化保护是指采用数字技术和方法来保护文化遗产，保存、传承和发掘文化遗产，以及促进文化遗产的可持续发展。它既可以指利用数字技术和方法来保护文化遗产，也可以指利用数字技术和方法来发掘文化遗产的未知价值，以及促进文化遗产的可持续发展。

数字化文化保护包括许多不同的技术，比如数字图像处理技术、数字声音处理技术、数字文档处理技术、数据库管理技术等。这些技术可以用来收集、提取、转换、存储和分发文化遗产。

数字化文化保护的最终目的是保护文化遗产免受破坏，以及把文化遗产和文化知识传播给更多的人。它可以帮助文化遗产的保护者更好地了解、保护和传播文化遗产，从而更好地保护文化遗产。

数字化文化保护也可以用来改善文化遗产的可访问性和可用性。例如，数字化的文化遗产可以让更多的人访问和使用，而不必担心传统文化遗产的破坏。此外，数字化文化保护还可以帮助文化遗产的保护者更好地管理文化遗产，以便更好地保护文化遗产。

数字化文化保护也可以用来支持文化创新和文化发展。例如，数字化文化遗产可以被用来创造新的文化作品，从而推动文化发展。

四、数字化文化保护标准的重要性

数字化文化保护标准是指在保护文化遗产和文化遗产信息传播方面，使用数字技术，以确保文化遗产的完整性和可持续性的标准。它们旨在保护文化遗产的历史价值和文化意义，以及文化遗产的完整性和可持续性。数字化文化保护标准的重要性在于，它们可以帮助保护文化遗产，保护其历史价值和文化意义，并保护文化遗产的完整性和可持续性。

一方面，数字化文化保护标准可以帮助保护文化遗产，以确保其历史价值和文化意义得到保护。文化遗产是一个国家文化的象征，具有重要的历史意义和文化价值。文化遗产的保护有助于维护文化遗产的完整性，以及确保文化遗产的历史价值和文化意义得到保护。

另一方面，数字化文化保护标准可以帮助保护文化遗产的完整性和可持续性。文化遗产的完整性是指文化遗产本身的完整性，而可持续性是指文化遗产能够在未来得到保护的能力。通过采用数字化文化保护标准，可以确保文化遗产的完整性和可持续性，从而确保文化遗产能够在未来得到保护。

此外，数字化文化保护标准还可以帮助保护文化遗产的传播。文化遗产的传播是指文化遗产的信息传播，其中包括文化遗产的介绍、文化遗产的保护和文化遗产的发展。通过采用数字化文化保护标准，可以确保文化遗产的信息传播能够得到有效的保护，从而确保文化遗产的传播得到有效的保护。

数字化文化保护标准的重要性在于，它们可以帮助保护文化遗产，保护其历史价值和文化意义，并保护文化遗产的完整性和可持续性。此外，它们还可以帮助保护文化遗产的传播，以确保文化遗产的信息传播能够得到有效的保护。因此，数字化文化保护标准的重要性是不容忽视的。

五、推动数字化文化保护标准的可行性

随着科技的进步，数字化文化保护已经成为当今社会的一个重要话题。它不仅可以确保文化遗产的安全，还可以推动文化保护的发展。为了推动数字化文化保护的可行性，应该提出一系列标准来实施数字化文化保护。

第一，应该建立一套完整的信息系统，以便收集、编辑和管理文化遗产信息。这将使文化遗产信息能够以有效的方式传播和分享，并且可以有效地监控文化遗产的状况。同时，这也将使文化遗产信息能够在网络上得到更多的展示和传播，从而提高公众对文化遗产的认知。

第二，应该建立一套完善的管理机制，以保证文化遗产的安全。这包括建立一套有效的安全策略和技术措施，防止文化遗产信息被篡改和窃取，以及在网络上及时发现和反映文化遗产信息的变化。

此外，应该建立一套完善的法律制度，以保护文化遗产的安全和发展。这包括对文化遗产信息的使用和传播进行监督，防止文化遗产信息的滥用，以及对文化遗产的保护和恢复进行监督。应该建立一套完善的教育制度，以提高公众对文化遗产的认知。这包括对文化遗产信息的教育，对文化遗产保护的宣传，以及对文化遗产保护的实践。

通过上述措施，可以推动数字化文化保护的可行性。这将有助于保护文化遗产的安全，提高公众对文化遗产的认知，并促进文化遗产的发展。

六、数字化文化保护标准的建设必不可少

数字化文化保护标准的建设是一项重要的任务，旨在保护和推广文化遗产，以及保护文化遗产的可持续发展。它的建设必不可少，因为文化遗产的保护不仅仅是一个文化问题，而且是一个社会、经济和政治问题。

首先，要建立数字化文化保护标准，必须明确文化遗产的定义。在这一过程中，要确定文化遗产的类别，比如古迹、古物、文物、文学作品、艺术作品、音乐作品、电影作品等。

其次，要建立数字化文化保护标准，必须制定清晰的数字化文化保护政策，比如完善文化遗产的保护机制，确定文化遗产的保护范围，以及规定文化遗产的保护程序等。

再次，要建立数字化文化保护标准，还必须建立一套完善的数字化文化保护体系，以确保文化遗产的可持续发展。这一体系应包括对文化遗产的保护、保存、传承和利用等方面的管理机制，以及对文化遗产的评估、监测、研究和普及等方面的有效措施。

最后，要建立数字化文化保护标准，还必须建立一个完善的数字化文化保护框架，以确保对文化遗产的有效保护。这一框架应包括对文化遗产保护的法律、政策、技术、经济、社会等多方面的要求，以及对文化遗产保护的有效监督和评估机制等。

为此，要建立数字化文化保护标准，必不可少的是要明确文化遗产的定义，制定清晰的数字化文化保护政策，建立一套完善的数字化文化保护体系，以及建立一个完善的数字化文化保护框架。只有通过这些措施，才能确保文化遗产得到可持续的保护和发展。

七、早日建立数字化文化保护标准有助于保护文化遗产

随着数字技术的发展，保护文化遗产成为当今世界的一个重要课题。数字化文化保护标准是一种新兴的保护文化遗产的方法，它可以帮助我们更好地保护和传承文化遗产。

首先，建立数字化文化保护标准可以有效地改善文化遗产的保护。数字化文化保护标准可以有效地把文化遗产的保护工作变成一种更加有效的形式。它可以帮助我们更好地保护文化遗产，防止文化遗产的破坏和损坏。

其次，建立数字化文化保护标准可以有效地促进文化遗产的传承。数字化文化保护标准可以使文化遗产的传承更加有效，可以帮助我们更好地传承文化遗产，使文化遗产的传承更加有效。

再次，建立数字化文化保护标准可以更好地推动文化遗产的发展。数字化文化保护标准可以帮助我们更好地利用文化遗产，推动文化遗产的发展，使文化遗产更加具有价值。

最后，建立数字化文化保护标准可以有效地改善文化遗产的管理。数字化文化保护标准可以帮助我们更好地管理文化遗产，使文化遗产的管理更加有效。

建立数字化文化保护标准是一种有效的保护文化遗产的方法，它可以帮助我们更好地保护和传承文化遗产，推动文化遗产的发展，改善文化遗产的管理。因此，我们应该尽快建立数字化文化保护标准，以有效地保护文化遗产。

第三节 虚拟可视化促进非物质文化遗产创新发展

虚拟可视化的发展为非物质文化遗产的创新发展提供了新的机遇。虚拟可视化技术可以将非物质文化遗产的视觉信息通过计算机技术转换成动态图像，从而更好地描绘出非物质文化遗产的多样性和丰富性。

虚拟可视化技术可以更好地保护非物质文化遗产。在传统的文化遗产保护中，由于缺乏技术手段，文化遗产的复原性和可持续性往往受到影响。虚拟可视化技术可以有效地解决这一问题，将非物质文化遗产的原始形式进行数字化处理，并将其保存在虚拟空间中，从而实现非物质文化遗产的长期保护和可持续发展；虚拟可视化技术可以更好地传播非物质文化遗产。虚拟可视化技术可以将文化遗产以虚拟形式展示出来，增强观众的参与感，使文化遗产更加有趣、更具吸引力，从而更好地

传播文化遗产；虚拟可视化技术还可以帮助非物质文化遗产进行创新发展。虚拟可视化技术可以更好地展示文化遗产的历史特征，并将其与现代技术相结合，从而实现文化遗产的创新发展。

总之，虚拟可视化技术为非物质文化遗产的保护、传播和创新发展提供了新的机遇。虚拟可视化技术可以将非物质文化遗产以数字化的形式保存在虚拟空间中，使其得到更好的保护；同时，虚拟可视化技术还可以将文化遗产以虚拟形式展示出来，从而更好地传播文化遗产；此外，虚拟可视化技术还可以将文化遗产的历史特征与现代技术相结合，从而实现文化遗产的创新发展。因此，虚拟可视化技术对于非物质文化遗产的保护、传播和创新发展具有重要意义。

一、虚拟可视化技术在非物质文化遗产保护领域的发展趋势

随着虚拟可视化技术的发展，非物质文化遗产保护的发展趋势也在不断改变。具体而言，虚拟可视化技术可以帮助创造更加真实的非物质文化遗产保护体验，从而提高保护非物质文化遗产的效率。同时，虚拟可视化技术还可以帮助收集、分析和可视化非物质文化遗产保护的数据，以便进行更有效的决策。未来，虚拟可视化技术将继续在非物质文化遗产保护领域发挥重要作用，为保护非物质文化遗产提供更多的可能性。

虚拟可视化技术可以帮助非物质文化遗产保护领域更好地收集和管理数据。例如，虚拟可视化技术可以帮助管理者收集和存储非物质文化遗产的相关信息，并通过可视化的方式将其展示出来，以便更好了解和管理非物质文化遗产；虚拟可视化技术可以更好地帮助非物质文化遗产保护领域的研究和保护工作[29]。例如，虚拟可视化技术可以帮助研究者更深入地了解非物质文化遗产，探索其特征和变化，并有效地分析和模拟非物质文化遗产的发展趋势，从而为保护工作提供更多的参考；虚拟可视化技术还可以帮助非物质文化遗产保护领域更好地进行教育和宣传。例如，虚拟可视化技术可以帮助管理者更好地展示非物质文化遗产的特性和价值，让更多的人了解和参与到非物质文化遗产保护工作中来；虚拟可视化技术还可以帮助非物质文化遗产保护领域更好地进行保护和管理。例如，虚拟可视化技术可以帮助管理者更好地建立非物质文化遗产的保护网络，并利用可视化技术对非物质文化遗产的变化进行实时监测，从而更好地保护和管理非物质文化遗产。

总之，虚拟可视化技术在非物质文化遗产保护领域的发展趋势是显而易见的，

它可以帮助管理者更好地收集和管理数据，更好地进行研究和保护工作，更好地进行教育和宣传，以及更好地进行保护和管理工作。随着虚拟可视化技术的进一步发展，虚拟可视化技术将在非物质文化遗产保护领域发挥更大的作用。

二、虚拟可视化技术在非物质文化遗产保护领域的发展展望

虚拟可视化技术在非物质文化遗产保护领域具有巨大的潜力。它可以提供一种新的、数字化的方式来记录、保存和传播非物质文化遗产，从而有助于保护历史文化遗产，确保它们的持续发展。未来，虚拟可视化技术将为非物质文化遗产保护领域提供更多的可能性，包括更精确的数字化重建和建模，更真实的虚拟现实体验，以及更全面的数字化存储和管理系统。下面将就虚拟可视化技术在非物质文化遗产保护领域的发展展望进行综述。

首先，虚拟可视化技术可以有效地保存非物质文化遗产。虚拟可视化技术可以将历史文物、古迹、传统文化等非物质文化遗产进行3D建模，使其可以保存下来，而不会因为时间和环境的变化而消失。此外，虚拟可视化技术还可以将这些非物质文化遗产进行多种多样的展示，以便更多的人能够更好地了解和欣赏这些文化遗产。

其次，虚拟可视化技术可以有效地促进非物质文化遗产的传承。虚拟可视化技术可以将传统文化传承的知识和技能，如民间艺术、民俗文化、民族传说等，以虚拟的形式展示出来，使更多的人能够欣赏和学习这些传统文化，从而促进非物质文化遗产的传承。

再次，虚拟可视化技术还可以有效地保护非物质文化遗产。虚拟可视化技术可以建立虚拟保护系统，将非物质文化遗产放入虚拟空间，以避免受到环境污染和人为破坏的影响。

最后，虚拟可视化技术还可以有效地提高非物质文化遗产的经济价值。虚拟可视化技术可以将非物质文化遗产以虚拟的形式展示出来，使其在网络上更容易被欣赏，从而提高其经济价值。

综上所述，虚拟可视化技术在非物质文化遗产保护领域有着广泛的应用前景，可以有效地保存、传承、保护和提高非物质文化遗产的经济价值。未来，虚拟可视化技术将会发挥更大的作用，为非物质文化遗产的保护和传承做出更大的贡献。

参考文献 References

[1] 祝笋，袁赵蔓. 文物建筑保护中虚拟现实技术的应用研究——以西大街耶稣圣心堂为例[J]. 华中建筑，2022，40(04):33-38.

[2] 戴庞海，吴旭东. 安阳周易文化的人类非物质文化遗产申报路径研究——基于申报环境考察和申报指南研究[J]. 安阳师范学院学报，2023(04):28-33.

[3] 杨政安. 基于大数据技术的沉浸式虚拟现实可视化展示系统研究[J]. 信息系统工程，2023(08):12-15.

[4] 李柏，龙湘平，曹雅迪. 木房非物质文化遗产的多元化价值探究[J]. 美术教育研究，2019(23):40-41.

[5] 陈曲，王心丹，郭欣欣. 虚拟现实新阶段——浅谈人工智能时代下VR技术的发展[J]. 网络安全技术与应用，2022(03):125-127.

[6] 温雯，赵梦笛. 中国非物质文化遗产的数字化场景与构建路径[J]. 理论月刊，2022(10):89-99.

[7] 杨鸽. 耀州窑制瓷工艺虚拟可视化艺术研究[D]. 西北大学，2020.DOI:10.

[8] 裴齐容，张骁鸣. 非物质文化遗产传承、传播及其与地方关系的重构[J]. 文化遗产，2023(04):31-39.

[9] 曹浩鑫. 非物质文化遗产视角下南山射箭传承发展研究[D]. 西安体育学院，2023.

［10］孙志国，王树婷，熊晚珍等.湖南传统特产的地理标志知识产权保护思考[J].湖南农业科学，2012(01):121-125.

［11］乌丙安.关于文化生态保护区建设基本思路和模式的思考[J].四川戏剧，2013(07):19-22.

［12］焦子宇.文化企业乘文博东风扬帆"出海"[N].深圳特区报，2023-06-03(A01).

［13］何小芹.三维动画技术在我国影视方面的应用[J].记者摇篮，2023(07):42-44.

［14］贺希.三维技术之于动画教学的前瞻意义[J].西北美术，2011(02):42-43.DOI:10.

［15］胡燕.三维动画技术在数字艺术设计中的应用研究[J].玩具世界，2023(01):78-80.

［16］郑直.MAYA三维技术在动漫领域立体造型中的应用研究[D].北京工业大学，2014.

［17］安珊珊.多媒体教学演示动画技术研究[J].科技信息（学术研究），2007(34):224-226.

［18］王正刚.谈3ds max的发展特色与行业划分[J].宿州学院学报，2004(05):96-97.

［19］阮若琳，程明智，田晓璇等.基于人物关系数据的沉浸式可视化交互系统设计与实现[J].北京印刷学院学报，2022，30(09):55-60.

［20］吴璇.基于数据可视化的沉浸式交互界面研究[D].北京印刷学院，2023.DOI:10.

［21］叶苗笛.虚拟现实技术在动画创作中的路径研究[D].浙江理工大学，2018.

［22］纪洋.虚拟现实技术在非遗文化传承与传播中的应用研究[D].辽宁科技大学，2021.DOI:10.26923/d.cnki.gasgc.2020.000252.

［23］李梅，姜展，姜龙飞等.三维可视化技术在智慧矿山领域的研究进展[J].煤炭科学技术，2021，49(02):153-162.DOI:10.

［24］陈旺，李钰.元宇宙背景下数字化重塑非物质文化遗产的困境与路径[J].西部广播电视,2023，44(13):1-3.

［25］方胜，张佳齐.安徽非物质文化遗产的时空分布特征及其影响因素[J].安徽理工大学学报（社会科学版），2023，25(02):29-36.

［26］方丹，雷洋.基于Web3D技术的虚拟展馆设计与实现[J].价值工程，2017，36(06):92-94.

［27］陈艳君.安徽传统技艺类非物质文化遗产研究综述[J].湖北开放职业学院学报，2022，35(24):195-198.

[28] 马玉静."数字人文"视域下的博物馆文化遗产数据资源开发模式研究[J].中国博物馆,2022(04):102-106.

[29] 李世豪.基于文本挖掘的我国非物质文化遗产政策量化评价研究[D].郑州航空工业管理学院,2023.DOI:10.27898/d.cnki.gzhgl.2023.000089.